Ludwig Bamberger

Bismarck posthumus

Ludwig Bamberger

Bismarck posthumus

ISBN/EAN: 9783743388314

Hergestellt in Europa, USA, Kanada, Australien, Japan

Cover: Foto ©ninafisch / pixelio.de

Manufactured and distributed by brebook publishing software (www.brebook.com)

Ludwig Bamberger

Bismarck posthumus

Bismarck Posthumus.

Von

Ludwig Bamberger.

*

Sonderabdruck aus der Wochenschrift „Die Nation".

Berlin W.
„Harmonie", Verlagsgesellschaft für Literatur und Kunst.
1899.

I.

Fürst Bismarck's Tod hat die Menschheit neuerdings veranlaßt, über diese mächtige und eigenartige Persönlichkeit und die in ihr verkörperten Probleme abermals nachzusinnen. Nicht bloß das längst Bekannte ist wieder zusammengefaßt worden, auch Neues kam hinzu, in vielen Bänden breitangelegte Beobachtungen und ausführliche Mittheilungen. A Jove principium. Zwar erst zuletzt gekommen, aber natürlich Allem vorgehend, Alles hochüberragend, mit der äußersten Spannung erwartet, kam das eigene zweibändige Werk der „Gedanken und Erinnerungen". Bereits seit Jahren hatte sich ein Legendenkreis um diese Gabe der Zukunft angesponnen. Ist es wahr, daß solche Gedenkblätter geschrieben sind? Allmählich waren vor den sicheren Nachrichten die Zweifel geschwunden. Um so lebhafter stiegen die anderen Fragen auf. Welcher Natur wird der Inhalt sein? Krasse Enthüllungen, rückwärts gezielte Keulenschläge wurden von den Einen in Aussicht gestellt, von den Anderen Enttäuschungen gegenüber den auf Unerhörtes und Sensationelles gespannten Ohren. Wie hat die vollzogene Thatsache auf alle diese Fragen und Zweifel geantwortet? Den Unbefangenen bleibt kein Zaudern übrig, zu bekennen, daß um ein höchst inhaltreiches, historisches, politisches und psychologisches Denkmal menschlicher Geistes- und Charakterstärke die Weltlitteratur bereichert worden ist. Bismarck hat sich ein schriftliches Monument gesetzt, welches von keinem ähnlichen Werk unter seinen Vorgängern in der Herrschaft über Völker und Zeiten übertroffen wird, man kann wohl sagen, welchem kein solches an Vielseitigkeit, Zusammenfassung und Darstellungskunst an die Seite zu stellen ist. Weder Cäsar, noch Friedrich der Große, noch Napoleon haben in so eigenartigen, blendenden, schriftstellerisch vollkommenen Schilderungen ihrer Person und ihrer Thaten ein so weit- und tiefgehendes Bild hinterlassen. Wohl auch keines, welches so fesselnd den Leser in Beschlag nimmt, von der ersten Zeile bis zur letzten. Wer es mit Verständniß und mit Kenntniß der Dinge, besonders auch vergleichend mit dem Selbsterlebten durchwandert, wird in Bewunderung, aber auch freilich im Protestiren kein Ende finden.

Das Gesammtbild ist das des Mannes, wie er sich selbst auffaßt und wie er von der Welt erfaßt und gesehen sein will. Bismarck peint par luimême. Das ist an sich ein Schauspiel so merkwürdig, so belehrend, um das triviale Wort zu gebrauchen, so interessant, daß die Erfüllung dieses Vorsatzes genügt. Mehr wäre wahrscheinlich weniger geworden. Diesen gewaltigen Erdensohn so zu erblicken, wie er sich im Spiegel seines eigenen Ich und seiner Thaten der Nachwelt überliefern wollte, und wie er gleichzeitig oder nachträglich auch das Alles selbst nach dem Bild in seinem Auge anschaute, das bildet den eigenartigen Reiz eines Werkes, welches historisch allerdings noch gewichtiger wäre, wenn die objektive Wahrheit überall in ihm zu ihrem Recht käme, welches aber ein so glänzendes Kunstwerk nicht hätte werden können, wenn nicht die ganze Wucht der von sich selbst durchdrungenen, kraftstrotzenden Persönlichkeit ihm von A bis Z den Stempel ihres Feuergeistes aufgedrückt hätte. Von einem Manne, der niemals zugab, daß er sich geirrt habe, niemals, daß er Unrecht gehabt, zu erwarten, daß er unparteiische Geschichte hinterlassen werde, wäre sonderbar naiv gewesen. Um so packender ist die Darstellung, in der er mit seiner unübertroffenen Kasuistik und seiner überlegenen Gruppirungskunst die Dinge in sein besonderes Licht stellt. Bedenkt man, daß ein so tiefgreifendes Stück Zeitgeschichte hier von dem vorgeführt wird, der so viel davon selbst gemacht hat, so fällt jeder Zweifel darüber, ob man den Gesammtinhalt dieser Annalen zu hoch schätzen kann. Allerdings, steigt man von der Höhe dieses Gesammteindrucks in die Region einzelner Theile der Gedanken und Thatsachen hinab, so beginnt die Unterscheidung auch dem Werthe nach.

Wer nach dem Erziehungswerth dieser zwei Bände auf die heranwachsende Generation fragt, wird die Einschätzung ganz anders abschließen, als wer sie nach ihrem Reichthum an reflektirendem und erzählendem Inhalt schätzt. Wie der lebende Bismarck für die staatliche Erhebung seiner Nation Größtes gethan, aber in ihre Geistesrichtung durch die Voranstellung der engsten Interessenpolitik schädigend eingegriffen hat, so wird auch sein politisches Testament die Herrschaft seines Ingeniums nach einer Richtung hin fortsetzen, der es an Bedenklichkeit nicht fehlt. Wenn ein Buch, wie dieses, von der Jugend verschlungen zu werden bestimmt ist, in welchem auf vielen Blättern die Worte „Humanität" und „Civilisation" nie anders erwähnt werden als im Sinne der unbedingten Verspottung und der hohlen Phraseologie, so scheint die Befürchtung nicht unbegründet, daß das fragwürdige Ideal der soldatischen „Schneidigkeit" mit allen seinen Auswüchsen zum höchsten Ausdruck des Nationalcharakters ausgebildet werde.

Den obersten Rang der Meisterschaft nehmen die Ausführungen über die große internationale Politik ein. Hier ergreift uns die Macht der unbedingten Genialität. Aus diesem Gebiet, wie aus allen übrigen, sind seit langer Zeit viele Bruchstücke in die Oeffentlichkeit gelangt, wie denn in beiden Bänden eine Reihe von Briefen und Aktenstücken wieder abgedruckt sind, die wir längst kannten, was nicht hindert, daß wir sie wieder mit Genuß von Neuem lesen. Ebenso verhält es sich mit dem Thatsächlichen. Doch fehlt nach beiden Richtungen das Neue nicht. Ja, es ist zum Erstaunen, daß ein Mann, der so viel gesprochen, geschrieben und durch Andere über sich hat schreiben lassen, noch einmal mit dieser Mischung von Wiederholung und einem kleineren Theil ganz neuer Mittheilungen, doch ein so eminent fesselndes Ganzes zu produziren im Stande war. Einzelne dieser Ergüsse oder Episteln enthalten Auseinandersetzungen, die leibhaftig an den Principe des Macchiavelli erinnern, die jedoch, auf das viel größere Feld der europäischen Politik verpflanzt, einen höheren Flug nehmen.

Zunächst hinter den Erzählungen über diese hohe Politik, besonders in ihrer Nutzanwendung auf Deutschland, reiht sich dem Werthe nach die detaillirte Schilberung der praktischen Hofpolitik und Diplomatie an. Erst an letzter Stelle von geistiger Präpotenz stellt sich die innere Politik der staatlichen Gesetzgebung ein. Es bestätigt das Schriftwerk, was der thatsächliche Vorgang gezeigt hatte. An Geschicklichkeit in Handhabung der Regierungsmaschinerie und Parteitaktik hat Bismarck nicht seinesgleichen. Für den fundamentalen Inhalt fehlt ihm der Sinn. An der ganzen Entwicklung der deutschen Gesetzgebung in der ersten Epoche des neugeschaffenen Reichs, von 1867 bis Mitte der siebziger Jahre, gehen diese Gedenkblätter schweigend vorüber — aus anderen Gründen wohl auch an der Kolonial- und Sozialpolitik, deren er sich als Fahnen bedient hatte. Ich erinnere mich, daß ich, eines Tages in Gesellschaft eines freikonservativen, ihm befreundeten und zugethanen Kollegen aus der Reichstagssitzung nach Hause gehend, diesem zu beweisen suchte, wie eine gewisse Maßregel in einer besonderen Angelegenheit dem sachlichen Effekt nach absolut schädlich sein müsse, und ihn bat, dies dem Fürsten auf privatem Wege beizubringen. Der Kollege antwortete mir: „Da würde ich schön ankommen. Wann, glauben Sie, daß Bismarck sich je durch sachliche Gründe hätte bestimmen lassen?" So auch ist es zu erklären, daß er in jeder Gegnerschaft nur persönliche Motive gewahrte.

Die „Gedanken und Erinnerungen" sind kein systematisches Werk*); Vieles ist der Zeit und dem Stoff nach durcheinander gewürfelt, wie die Einfälle sich aneinander reihen, wie der Zufall der von Bucher stenographirten Gespräche sie aufstapelte. Philologische Nachforschungen anzustellen, was vom Autor, was von Bucher oder anderen herrühren mag, wäre eine Aufgabe für sich. Der Stil ist fast durchgängig vom Mark des Kanzlers genährt. Ueberhaupt können von denen, die bis jetzt über das Werk berichtet haben (ich kenne natürlich von diesen Berichten bis jetzt nur den allerkleinsten Theil) in der kurzen Zeit seit dem Erscheinen, auch die bestbefähigten nicht erschöpfend ihr Urtheil abgegeben haben. Dithyramben hinzuwerfen, ist

---

*) Leider läßt die sonst gute Ausstattung ein alphabetisches Register der Sachen und der Namen vermissen.

leicht und dankbar. Selbst nach einmaligem Durchlesen wäre man versucht, ein ganzes Buch zu schreiben über alle Einzelheiten, zu deren Erörterung das Werk die lebhafteste Anregung gibt, und nach diesem ersten Buch wäre man wahrscheinlich genöthigt, noch ein zweites zu schreiben. Dem großen Publikum wird wohl den schärfsten Eindruck zunächst machen, was an altbekannten Antipathien hier mit erneuter Heftigkeit losgelassen wird, trotz dem sichtlichen Bemühen, sich die abgeklärte Mäßigung des Zurückgezogenen aufzuerlegen. An der Spitze der mit tödtlicher Feindschaft bis zum letzten Augenblick Gehaßten steht die Kaiserin Augusta. Bis auf die letzte Seite kann dieser Grimm nicht zur Ruhe kommen. Man wußte wohl reichlich viel von dieser Gegnerschaft, aber von der Permanenz, von der Tiefe und Gewalt, die sich hier zeigt, ahnten die Wenigsten etwas. Die Größe und Ausdauer dieses Kampfes läßt die Persönlichkeit der verstorbenen Kaiserin in einer Dimension erscheinen, die man ihr wohl sonst nicht zugetheilt haben würde. Sie mußte doch eine ungewöhnliche Kraft des Geistes und des Willens besitzen, um zu solchem Gegendruck herauszufordern, der nie ganz siegreich wurde. Wenn auch Bismarck in der Sache selbst immer das Recht so auf seiner Seite haben mochte, wie er es schildert, so kam, um die bodenlose Tiefe seiner Antipathie zu erklären, doch noch Etwas, die Grundverschiedenheit der ganzen Lebensanschauung, hinzu, etwa wie in seiner Feindschaft gegen Gladstone. Zu seinen monarchischen Gefühlen liefert weniger dieser persönliche Krieg selbst als die Art, wie er über ihn berichtet, einen besonderen Kommentar. Doch dies ist ein Kapitel, welches in der Besprechung von Busch's Bänden seinen richtigen Platz finden wird. Gegen Ende des zweiten Bandes vervollständigt Bismarck noch einmal die sichtliche Anstrengung, seine, in der Anspielung auf Kaiser Wilhelms Schwäche gegen Weiber und Freimaurer recht bedrohte monarchische Gesinnung mit einer Apotheose für seinen Kaiser selbst zu vergolden. Man merkt sehr die Absicht. Die Wahrheit ist eben die: Bismarck war ein strammer Royalist, solange es galt, zwischen ihm und allen andern, für den König einzustehen. Nur wenn es sich um ihn selbst handelte, zwischen ihm und dem König allein, wechselten die Empfindungen. Da wich Alles dem überlegenen Selbstbewußtsein, dem allerdings nicht unberechtigten. Er schildert oft, wie er gekämpft und gelitten. Man weiß aber auch, wie sein geliebter König oft schwer an ihm zu tragen hatte. Die Wendung, die derselbe einmal einem Vertrauten gegenüber gebraucht haben soll: „Es ist nicht leicht, unter einem solchen Kanzler Kaiser zu sein", klingt glaubhaft. Nicht wenig außer Augusta sind noch viele andere bitter mit Haß bedacht und verfolgt, vor Allem die „Fraktionen", ein Beweis, daß auch sie keine quantité négligeable waren. Auch sie kommen ihm nicht außer Sicht, bis die letzte Seite der Handschrift zum Abschluß gelangt. Kennen wir doch das Meiste davon schon aus unzähligen Lamentationen. Hier kann Unsereins, aus eigenem Erlebniß, besser kontroliren als bei den Hofgeschichten. Was fabelt er nicht Alles von Fraktionsverschwörungen, um ihn abzusetzen! Z. B. bei Gelegenheit des Versuchs mit Bennigsen. Es leben ja noch die Zeugen. Bennigsen und Stauffenberg, Benda und Rickert sind dabei gewesen, als in meiner Wohnung vor Weihnachten 1877 die Besprechung des nationalliberalen Parteivorstandes am Abend, da Bennigsen nach Varzin reiste, abgehalten wurde. Auch die Sitzung dieses Vorstandes, in der später Bennigsen berichtete, daß er dem Kanzler Absage gegeben, fand unter meiner und der Genannten Betheiligung statt. An der ganzen Intrigue gegen ihn, deren Erzählung Bismarck daran knüpft, ist kein wahres Wort.

Auch wo er nicht ausgesprochen Falsches berichtet, sind die Auslassungen bezeichnend. So schreibt er ausführlich über die Vorgänge, betreffend die Indemnität, aber er vergißt zu erwähnen, daß der Passus der Thronrede darüber vom Abgeordneten Twesten verfaßt war. Daß er aber den verstorbenen Twesten selbst nicht vergessen, beweist er an einer anderen Stelle, wo er dem „angeblich gründlichen" Abgeordneten einen Redaktionsfehler in einem Antrag aus dem Jahre 1867 zum Vorwurf macht. Das ist so seine Art zu messen. Derselbe Mann, der sich über das Mißtrauen der Parteien in seine Zusicherungen beschwert, erklärt ein andermal, gelegentlich eines vorgeschlagenen Abkommens mit Oesterreich, daß er — immerhin vorerst abschließend — dabei die reservatio mentalis gemacht habe, unter günstigen Umständen „die Uhr wieder zurückzustellen". Ja, er definirt ein andermal — doch wohl jetzt zu allgemeiner Ueberraschung — das berühmte Wort „Deutschland solle erst einmal in den Sattel kommen, reiten werde es wohl dann schon können", damit habe er seiner Zeit sagen wollen: das allgemeine Stimmrecht, dessen er sich 1866 bedient habe als „der höchsten aller freiheitlichen Künste", werde später wieder zurückgenommen werden können. Seine Dialektik der Interpretation von Stellen der Verfassung war uns allen wohlbekannt. Er verachtete zwar alle juristische Diskussion, aber, pflegte Lasker zu sagen: „Wenn Bismarck das rothe Büchlein (den Parlamentsalmanach, in dem die Verfassung steht) in der Hand hat, ist er in der advokatischen Auslegung uns allen über".

Die Fraktionen, d. h. die Parlamentarier, die er so oft zum Widerstand ermahnte, als er nicht mehr am Ruder war, sind übrigens in der Sammlung seiner Antipathien nicht in schlechter Gesellschaft. Die hohen Militärs, Moltke nicht ausgeschlossen, bekommen ihr gutes Theil. Auch sie sind auf ihn eifersüchtig. Die Klage über das Verzögern der Beschießung von Paris, welche sowohl in den „Erinnerungen" als im Busch einen breiten Raum einnimmt, wird so dargestellt, als ob weibische und fremde Einflüsse allein zum Aufschieben bestimmt hätten. Ich weiß aus meiner eigenen Unterhaltung mit Bismarck, daß die Frage der Beschießung auch von ihm nach der Seite hin lange geprüft wurde, ob die ausgeführte Beschießung den Erfolg einer Kapitulation herbeiführen werde. Daran knüpft sich ja das berühmte Wort vom psychologischen Moment, das die Franzosen in irriger Anwendung als „moment psychologique" sich angeeignet haben. Die Verheerungen, welche später die Commune anrichtete, sind ein Fingerzeig dafür, daß die Wirkung der Bomben auf die Massenbewegung zu Zweifeln anregen konnte.

Die mehrfachen Variationen seiner Politik, die zu ignoriren er so ausgezeichnet verstand, gehen sogar auf seine Polenbehandlung zurück. In seinem Buch stellt er einmal den Kampf gegen die Katholiken so hin, als hätte er in ihnen vor Allem die Gönner Polens bekämpft. Es gab aber eine Zeit, in der er sich der Polen bedienen wollte, um die Katholiken zu bekämpfen. Damals, vor 1870, begünstigte er in dieser Hoffnung den Erzbischof Ledochowski unter Vermittelung der Fürstin Odeschalchi, einer geborenen Polin, Gräfin Branicka, und gerieth darob in Streit mit dem Oberpräsidenten von Horn, welcher dem Bischof nicht traute. Zwar erzählt er, daß er für die Errichtung einer päpstlichen Nuntiatur in Berlin gewesen, aber daß er Ledochowski dafür im Sinn gehabt, verschweigt er wohlweislich. Gustav Freytag schrieb damals einen Artikel gegen diese Tendenz in den „Grenzboten".

Seine Kunst zu interpretiren, aber auch — und recht bösartig — zu insinuiren, konnte sehr weit gehen, schon bei Lebzeiten. Daß Caprivi an der „Reichsglocke" mitgearbeitet hätte, wird hier in dieser lieblich hypothetischen Form wiederholt, obwohl Caprivi schon, als diese Verleumdung zum ersten Mal auftauchte, die richtige Verneinung entgegengestellt hatte. Die Anspielung auf Stosch (auch einer der bestgehaßten) fließt hier nur sachte ein. Der gute Busch hat übernommen, deutlicher zu sagen, daß Stosch nach des Meisters Versicherung sich wahrscheinlich an Thiers und den König von Sachsen nach einander verkauft hätte. Eine merkwürdige Rück-Interpretation gibt auch die Stelle, wo es heißt, die Schutzzollpolitik sei zunächst eingeschlagen worden, um die liberale Partei zu spalten.

Je anziehender, fesselnder, blendender, auch an weitschauenden Betrachtungen reicher das Werk ist, desto mehr ist geboten, es mit offenen Augen zu lesen. Die Anbeter werden es als eine Bibel fürs deutsche Volk anpreisen. Die Geschichtschreibung wird Mühe haben, Echtes von Unechtem zu sondern. Einzelne Abschnitte, wie die über den Krimkrieg, die Instruktionen an den Pariser Gesandten von 1863, werden als Leistungen höchsten Grades klassisch bleiben. Nächst dieser wahrhaft tiefen und großartigen Behandlung allgemein politischer Fragen, welche köstliche Ausstattung durch den unvergleichlich urwüchsigen und treffenden Stil, durch die Laune, die eingeflochtenen Anekdoten! Bismarck war ein Erzähler von unwiderstehlichem Zauber. Wie alle Erzähler von Profession, schmückte er natürlich die Vorgänge drastisch aus. Einzelne historische Erlebnisse, welche unter der Version seiner Zuhörer in die Welt gegangen sind, erscheinen in der eigenen Darstellung jetzt minder dramatisch als in der landläufigen; so besonders die beiden großen Scenen mit dem König auf der Fahrt von Jüterbog nach Berlin und in Babelsberg. Umgekehrt ist die Erzählung der großen Scene in Nikolsburg ergreifender, als die bisherigen Schilderungen sie wiedergaben. Die Episoden der Emser Depesche und die Enthüllung über den russischen Rückversicherungsvertrag bedürfen separater Behandlung.

Zu dem merkwürdigsten Theil gehören die Berichte über Bismarck's Entwicklungsgang von früher Jugend an, sein starkes reflektirendes Innenleben, seine reisenden Anschauungen, seine allen, auch adligen, Vorurtheilen abgewandte Gesinnung; sodann sein früh anfangendes intimes Verhältniß zu Friedrich Wilhelm IV. und die Anerkennung seiner Persönlichkeit bei diesem und seiner Umgebung. Das hinderte nicht, daß der Hof, wie das Publikum, vor der gewaltsamen Neigung und dem Ungestüm des Temperaments zurückscheuten. Er spricht selbst von seiner „alten Reputation leichtfertiger Gewaltthätigkeit bei Hofe", die ihn allzu sehr der Lust am Dreinschlagen bezichtigt habe.

Die Masse des Stoffes, die seltene Kunst der Darstellung ist, wie schon gesagt, in einer ersten und überhaupt in einer Besprechung nicht zu erschöpfen. Der Haupteindruck bleibt immer bis zum Schluß: das Werk steht auf der Höhe der geistigen Potenz dieses Mannes, der, wie je ein Sterblicher, die Fehler seiner Vorzüge, aber in höchstem Maße auch die Vorzüge seiner Fehler hatte, der Deutschlands Schicksal mit seiner ganzen Kraft zu hohem Ziel geleitet und sich in seinen Thaten einen ersten Platz in der Geschichte auf seine ihm ganz eigene Weise erobert hat.

II.

Obwohl sechs Monate vor Bismarck's Tode erschienen, verdient die Broschüre Christoph von Tiedemann's „Persönliche Erinnerungen an den Fürsten Bismarck"*) unter

---

*) Leipzig bei Hirzel 1898.

den neuesten, zu dessen Charakteristik gemachten Aufzeichnungen eine dankbare Erwähnung. Die kleine, nur fünfzig Seiten umfassende Schrift enthält die Wiedergabe eines im November 1897 zunächst frei gehaltenen, aber nachträglich mit einigen Ergänzungen versehenen Vortrags. In ihrer anspruchslosen Haltung liegt etwas Anziehendes. Der Vortragende ist ein durch seinen dienstlichen Verkehr mit dem Kanzler liebe- und verehrungsvoll für ihn gestimmter Anhänger, und gerade diese offen zur Schau getragene Ergebenheit wird durch das Medium eines aufrichtigen Beobachters zu einer Leistung, welche in wenigen nur skizzenhaft hingeworfenen Zügen einen dennoch nicht einseitigen Beitrag zur Charakterisirung ihres Helden liefert.

Bismarck war für die Menschen seiner nächsten Umgebung in seinen Manieren gewinnend. Man weiß, wie dankbar den Großen der Welt, seien sie es durch ihre Geburt oder durch ihr Genie geworden, jedes freundliche Verhalten angerechnet wird. Was unter Gleichen nur gute Lebensart wäre, wird hier zur holden Liebenswürdigkeit. Wird die menschliche Behandlung nun gar mit der Geschicklichkeit und Grazie, wie sie Bismarck zu handhaben verstand, geübt, so bezaubert sie natürlich mit verdoppelter Gewalt. Unter diesem Zauber steht auch Herr von Tiedemann, wenn schon er im Lauf der Zeiten manchen Sturm erleben mußte. Bismarck konnte, wenn er wollte, einen von ihm Empfangenen mit Liebenswürdigkeit in Beschlag nehmen, besonders durch den Ton übersprudelnder Vertraulichkeit, den er leicht anschlug. Er war, was man in Frankreich „un enjôleur" nennt. Im landläufigen Verkehr beobachtete er aufmerksam die Vorschriften ritterlicher Höflichkeit. Man könnte an ihm den Unterschied zwischen dem Kavalier und dem Mann von Edelsinn studiren. Nach dieser Seite hin war er nicht angekränkelt. Tiedemann selbst erzählt uns die hübsche Anekdote, wie Bismarck ihm eines Morgens sagt, er habe die ganze Nacht gehaßt, und wie er daran eine Apotheose des Hasses als fruchtbaren Elements, wenigstens der Liebe gleiches, knüpft. Seine Liebe konzentrirte sich auf die ihm Nächsten, die ein Stück seiner selbst waren und solidarisch zu seiner Selbstvertheidigung gehörten, die Familie. Busch erzählt im dritten Bande, wie oft Bucher sich über die Unfähigkeit des Sohnes Herbert und Schwiegersohnes Rantzau beklagt und einmal, am 9. November 1881, gesagt habe: „Es ist betrübend, daß der Chef so sehr darauf bedacht ist, für seine Familienmitglieder zu sorgen und Stellen für sie ausfindig zu machen."

Auch Bismarck's Hundefreundschaft hängt mit dieser auf die nächste Umgebung beschränkten Zärtlichkeit zusammen. Nicht selten sind die exaltirten Hundefreunde Menschenverächter. Siehe Friedrich den Großen in seinen alten Tagen und Schopenhauer! Wenn an seinen parlamentarischen Empfangsabenden der „Reichshund" gemessenen Schritts durch die Reihen der Gäste ging, drängte sich mir der Gedanke auf: das soll wohl heißen: diese Gesellschaft ist für ihn grade gut genug.

Bismarck's unerbittliche Verfolgungs- und Rachgier sind sprüchwörtlich geworden. Im zweiten Bande der „Erinnerungen" kommt er auf den Fall Arnim zu sprechen und bemüht sich, nachzuweisen, daß er an den — wie er selbst eingesteht — schwer zu rechtfertigenden Verurtheilungen unschuldig gewesen wäre; nicht aus böser Absicht, sondern nur „im Interesse des Dienstes" habe er die Anklagen betrieben, und der Erlassung der Strafen hätten juristische Formalitäten entgegengestanden (der ohnmächtige, peinlich gewissenhafte Pedant des geschriebenen Rechts!). Gern hätte er Arnim begnadigt, aber es ging nicht. Da kann man wirklich nur ausrufen: credat Judaeus Apella! Wie stark muß das Uebermaß dieser, auch für die preußische Justiz jener Tage nicht gerade enthusiasmirenden Verfolgung gewesen sein, um selbst Bismarck zu einer nachträglichen Beschönigung seines Antheils daran zu bestimmen. Freilich macht er diese Revokation wieder wett durch eine Reihe der bösartigsten Insinuationen gegen Arnim, die zwar nicht zu beweisen, aber aus den Mittheilungen von „Reisenden" (!) geschöpft seien. Man würde ihm übrigens Unrecht thun, wenn man diese und ähnliche, wenn auch minder grandiose Verfolgungen lediglich als Ausbrüche der ungezügelten Animosität auslegte. Die Berechnung bildete in seinem Verhalten einen so integrirenden Bestandtheil, daß sie niemals ganz ausgeschaltet war. In seinen unabläffigen Beleidigungsprozessen lag ein System. Er wollte unbedingt jeden, auch theoretischen, Widerstand im Keime ersticken. Er war ein furioser Anhänger der Abschreckungstheorie, der „Territion", wie er es zu nennen pflegte. Dies zeigte sich auf allen Wegen. Den politisch zahmen, geistvollen Redakteur des Kladderadatsch, Ernst Dohm, der in seinem Haus verkehrte und von ihm familiär zu Tisch gezogen wurde, ließ er wegen eines harmlosen Witzes verklagen und die Strafe in Plötzensee absitzen. Die Formulare des Antrags auf Beleidigung durch die Presse lagen gedruckt aufgestapelt, um sie dringlich verwenden zu können. Dem Vorbild dieser stereotypen „Bismarckbeleidigung" verdanken wir zum Theil bis auf den heutigen Tag die alberne Sitte, daß viele Behörden und Privatleute wegen jedes Flohstichs in der Presse das scharfe Schwert der Gerechtigkeit anrufen, wie in keinem anderen Land der Welt, und daß jedes leichtsinnig hingeworfene Wort der Rede, jede jokose Zeichnung als Staatsverbrechen mit Gefängnißstrafe geahndet wird.

Wenn die Verfasser von „Lesebüchern für die reifere Jugend" nach „schönen Zügen aus dem Leben" suchen, werden sie Mühe haben, für den großen Kanzler Geschichten edlen Verzeihens oder rührender Großmuth aufzutreiben. Eine That jedoch ist aktenmäßig verzeichnet und hat ihm sogar die Rettungsmedaille eingetragen. Im Jahre 1842 sprang er als Landwehroffizier seinem beim Schwemmen der Pferde dem Ertrinken nahe gekommenen Reitknecht in einen See nach und zog ihn heraus. Daß er ein guter Schwimmer war, schmälert dies Verdienst nicht. Er verwerthete einmal in der Unterhaltung mit mir dies Erlebniß zu einer jener bilderreichen Parallelen, in denen er so stark war. Wir sprachen von seinem Kampf gegen Oesterreich, 1866. Es ging mir dabei, sagte er, wie damals, als ich meinen Reitknecht aus dem Wasser zog. In einem Moment fühlte ich mich so krampfhaft von ihm umklammert, daß er mich mit in die Tiefe zu ziehen drohte. „Er oder Ich, sagte ich mir, und drückte ihm die Kehle so fest zu, daß er bewußtlos und kraftlos wurde." Darnach brachte ihn der Retter an die Oberfläche, aber es bedurfte, wie sein Biograph Hahn berichtet, längerer Zeit, ehe man den für todt Gehaltenen wieder zum Leben brachte.

Sehr bezeichnend ist die Erzählung, wie nach Camphausen's Demission ein neuer Finanzminister gesucht und gefunden ward. Nur rasch einen Figuranten, um die Lücke auszufüllen. Fürs erste gelang es noch leidlich. Aber dann ging es herab bis zu Bitter, traurigen Andenkens. Eine lebendige Illustration der „Wurstigkeit", mit der die sachlichen Angelegenheiten behandelt wurden.

Die Substanz der Politik wird in Tiedemann's Schilderung nur hie und da gestreift; er betrachtete dies auch nicht als seine Aufgabe. Am meisten Werth legt er, und mit Recht, wie er es ausdrücklich sagt, auf die Art der Geistesthätigkeit Bismarck's; die unabläsfig überquellende Denkarbeit und den ihr rastlos folgenden Strom der Aussprache. Er diktirte, wie es scheint, in derselben Weise, wie er seine Reden vortrug; manchmal stockend (im Reichstag war es momentweise ein wahres Würgen), aber nicht aus Mangel an Stoff, sondern aus Ueberfluß und dem Suchen nach dem treffendsten Ausdruck; dann ging es wieder im Galopp und unerschöpflich ohne Einhalten. Er brachte, wie Napoleon, seine Schreiber zur Verzweiflung, weil sie ihm nicht folgen konnten und ihn doch nicht durch Fragen unterbrechen durften. Einmal diktirte er Tiedemann fünf volle Stunden hintereinander im Eilschritt, daß diesem der Nothschweiß ausbrach, und er mitten im Schreiben vom Stuhl aufsprang, um sich wenigstens durch Abstreifen seines Rocks zu erleichtern. Wenn es fertig war, konnten wohl einzelne Risse und Unebenheiten der Form zurückgeblieben sein. Aber die logische Gliederung war tadellos. Beiläufig gesagt: das fünfstündige Opus war der Bericht an den Kaiser über die Verhandlungen mit Bennigsen. Leider ist es in keiner unserer Relationen wiedergegeben und ruht in den Archiven. Es wäre ein schätzbarer Beitrag geworden und wird einst sehr cum grano salis zu lesen sein. Die Arbeitskraft und Arbeitslust war riesig. Wie sich selbst, gönnte er seinen Gehilfen keine Ruhe. Die Nacht war Tag (bis Schweninger eingriff). Kein im laufenden Dienst Stehender durfte auch nur auf kurze Zeit außer Sicht gehen. Wenn Bucher ins Theater ging, — das ist mir aus anderer Quelle bekannt — mußte er die Nummer seines Sitzes zurücklassen, damit man ihn schnellstens herausholen könne. Von Zeit zu Zeit drohte Tiedemann unter der Last zusammenzubrechen. Dann trieb Bismarck ihn einsichtig zum Abbrechen. Doch nicht immer. Abeken, der zu schönselig für seinen Geschmack war, aber von unterwürfiger Hingebung für ihn, nannte er einmal in Versailles seinen Kuli.

Tiedemann's Vortrag liefert nicht, wie das Tagebuch von Busch, den Stoff zu belehrenden Vergleichungen mit den „Erinnerungen". Nur eine Stelle ist dafür verwendbar. In der eigenen Darstellung verwahrt sich Bismarck dagegen, daß er nach dem Attentat Nobiling's das berüchtigte Wort gebraucht habe, nun wolle er die Nationalliberalen an die Wand drücken, daß sie quietschen. Tiedemann, gewiß ein einwandfreier Zeuge, erzählt: „Als ich ihm, der einsam im Sachsenwalde promenirte, die Nachricht von dem Nobiling'schen Attentat brachte, war sein erstes Wort: „Jetzt lösen wir den Reichstag auf!" So wurde es damals auch sofort bekannt. Vielleicht hat ein Anderer den Gedanken in die drastische Lesart übersetzt und in Umlauf gebracht.

Welch ein anderes Bild entrollt sich unseren Augen, indem wir zu Busch's drei starken englischen Bänden*) übergehen! Schon das Volumen, obwohl nicht rein zufällig möglichst stark angehäuft, bezeichnet den Abstand. Hier ist kein liebevoll und andächtig hingeworfenes Porträt, sondern ein der Zeit und Behandlung nach weit angelegter Aufbau von Momentphotographien, man könnte sagen, Momentphonographien; an sich weder gut noch bös gemeint, immerhin von einem ergebenen, ganz von seinem Herrn eingenommenen Diener errichtet. Gegen den rücksichtslosen Naturalismus, mit dem er vorgeht, hat man mit Recht eingewandt: welcher Mensch könnte es vertragen, daß Jeder Alles erfahre, was er in Anwandlungen des ersten Augenblicks über sich, über Andere, über seine besten Freunde über die Lippen brachte! Es wäre nicht auszuhalten in der Welt, wenn dies allgemeiner Brauch würde. Und nun gar, wenn es sich um eine vulkanische Natur, wie Bismarck, handelt! Man denke erst, wie schrecklich es wäre,

---

*) Bismarck, some secret pages of his history. London 1898, Macmillan & Co.

wenn wir die Monologe der von uns bewunderten oder geliebten Menschen, die laut oder nur im Gehirn ausgesprochenen, vernehmen könnten! Der Phonograph, der diesen Dienst leisten wollte, würde mit Recht in tausend Stücke geschlagen. Und die allgemeine Empfindung, die deutsche wenigstens, soweit sie verlautete, kam ungefähr auf ein solches Urtheil gegen Busch's Werk hinaus.

Und dennoch, Empfindung bei Seite: wenn heute ein Phonograph entdeckt würde, in dem Bismarck's Selbstgespräche aufgespeichert lägen, wäre es nicht ein Verbrechen, ihn zu zerstören, und wer würde der Lust widerstehen, ihm zu lauschen? Hier liegt eben der Unterschied. Grade die Bedeutung des Mannes macht, daß für das Studium seiner Persönlichkeit und seiner Handlungen nichts klein ist. — Dazu kommt, daß, obwohl etwas früher erschienen, Busch's Material in seiner primitiven, ungeschminkten, man könnte sagen, ungewaschenen Physiognomie einen eigenartigen Nachtrag als Ergänzung für das Studium des Bismarck'schen Hauptwerkes liefert. Er selbst charakterisirt seine Aufzeichnungen als „nicht retouchirte Photographieen".

Die dem Kanzler bei Busch nachgesagten Aeußerungen tragen durchweg den Stempel der Echtheit. Sie widersprechen auch durchaus nicht solchen, die anderen näheren Beobachtern längst nicht neu waren. Man kann nicht einmal sagen, daß sie dem Prestige von Bismarck's gewaltiger Persönlichkeit in der Hauptsache Eintrag thun. Ihre störende Wirkung trifft nur die banale unbedingte Schwärmerei, die mit der historischen Würdigung nichts zu thun hat. Nur das ist zuzugeben: sie thun der Stellung der Deutschen in den Augen der fremden Nationen beträchtlichen Schaden. Dies scheint Busch selbst zu ahnen, denn merkwürdigerweise beginnt er seine englische Vorrede des englischen Werkes mit den Worten, daß er dieses Werk dem deutschen Volke vorlege. Für den Liebhaber menschlicher und besonders politischer Seelenkunde ist das Werk eine Fundgrube. Gruben sind nicht immer appetitlich. Aber für die wißbegierige Analyse gibt es keinen Unterschied zwischen Rein und Unrein; sie sondert die elementaren Bestandtheile aus und fördert die Erkenntniß. So wenig im Großen und Ganzen alle neueren Beiträge für den genaueren und unbefangenen Kenner neue Aufschlüsse über Bismarck's Charakter geliefert haben, so wenig haben sie im Grunde auch selbst seine nicht kritiklosen Bewunderer an ihm irre machen können. In der Hauptsache steht die Größe seiner Persönlichkeit nicht auf dem Postament psychologischer Werthschätzung, sondern vollzogener Thatsachen. Was unter seiner Führung geworden und wie es geworden ist, das ist es, was ihn zu einer Heroengestalt geschaffen hat. Wieso und warum, ob mit Recht oder Unrecht, ja, ob er Alles, was man ihm zuschreibt, wirklich so vollbracht oder nur in letzter Form vollendet hat, das Alles ist nebensächlich. So, wie es nach außen in der Geschichte dasteht, muß es behalten werden. Alles hinterherkommende Wenn und Aber fällt dagegen ohnmächtig zu Boden. Wird doch sogar die Legende eine Wirklichkeit, wenn sie sich fest in die Vorstellung der Menschen eingewurzelt hat. Moses, Buddah, Mahomed — von Anderen nicht zu reden — sind rückwirkend lebendig geworden, so wie die Legende sie gestaltet hat, und die Schweizer haben recht gethan, sich ihren Wilhelm Tell und sein Geschoß nicht von den Philologen nehmen zu lassen. Die fable convenue steht über der Thatsache. Qu'est ce qu'il y a de plus méprisable qu'un fait! — lautete der Ausruf des Philosophen Royer Collard.

Was sich am meisten aufdrängt beim Einblick in Bismarck's geheime Werkstätte, ist sein unablässiges, rastloses Bemühen, die öffentliche Meinung zu bearbeiten. Man wußte das schon aus älteren Enthüllungen, z. B. den vier Bänden der Frankfurter Briefe, die Poschinger — bei Weitem sein Werthvollstes — herausgegeben hat. Busch hat das nun vollends ins Kleinste aufgehäuft. Es ist ja scheinbar viel Untergeordnetes dabei, aber was ist nebensächlich in solchem Stoff! Man staunt über diesen ruhelosen Geist, der nach allen Seiten hin das Denken der Menschen zu beeinflussen bemüht ist. Nichts ist ihm zu klein, nichts zu weit abgelegen, um es unbesprochen, unerwidert zu lassen. Wie bei allem, was aus lebhaftem Impuls hervorquillt, fehlt nicht selten eine eigentliche Zweckmäßigkeit; man vermag nicht wohl zu ermessen, warum irgend eine Erscheinung, z. B. in den Sitten fremder Völker, die mit der deutschen Politik nichts zu schaffen hat, zum Gegenstand einer Beleuchtung in der Presse gemacht wird. Und es fehlt auch thatsächlich hier und da aller Wahrscheinlichkeit nach am konkreten Zweck und besonders an der Erreichung der Absicht. Aber die Gewohnheit, über Alles seine eigene Auffassung zu haben und sie auch zur Geltung zu bringen, will ununterbrochen in Fluß bleiben. Vielleicht trug auch der Umstand dazu bei, daß zu dieser Dienstleistung immer so viele Federn bereit gehalten wurden und beschäftigt werden mußten, um nicht müßig zu gehen und einzurosten. Die Bucher, Busch und Konsorten wurden doch bezahlt, und Verschwenden war Bismarck's Sache nicht. Sie sollten auch dafür arbeiten. Dabei lief Großes und Kleines bunt durcheinander. Bald galt es, weitsehende politische Kombinationen zu skizziren, bald Hofklatsch zu durchkreuzen. In dem Maß, als er in seiner inneren Politik auf Widerstand stieß, wurde das Preßtreiben immer heftiger. In den achtziger Jahren ward es manchmal den getreuen Bucher und Busch selbst zu viel. An falschem Verdacht und falscher Beschuldigung ist kein Mangel. Die meisten derer, die in diesen drei Bänden genannt werden, kommen schlecht weg. Im Ganzen hat man den Eindruck: aller Menschen Feind und Gottes Freund. Mit seinem Privatgott kann man sich ja abfinden, wie man will; man stellt ihn immer auf die eigene Seite. Mit der Frömmigkeit der großen Gewaltsmenschen Cromwell, Philipp II. ist es ein eignes Ding. Auch Bismarck's Gottesfurcht gehört dahin. Mit den Menschen schlagen sie sich draußen herum; mit ihrem Gott verständigen sie sich in ihrem stillen Kämmerlein. Niemand ist dabei, und der Gott protestirt nicht. Busch selbst beschäftigt sich öfter mit der Frage, wie es wohl auf dem Grunde mit Bismarck's Glauben stehe. Die Antwort vermag er natürlich nicht zu geben. In dem früheren Werk „Unser Reichskanzler" ist dem Gegenstand ein besonderes Kapitel gewidmet.

Mißtrauen nach allen Seiten, und vom Mißtrauen zum leichtsinnigen Verdacht ist nur ein Schritt. Selbst die eigenen Werkzeuge entgehen dem Schicksal nicht. Von Braß, dem Redakteur der „Norddeutschen Allgemeinen=Zeitung", dem abtrünnigen Kommunisten, wird mehrmals behauptet, er lasse sich gleichzeitig von Louis Napoleon bestechen. Wenn

man das seinen eigenen Schergen zutraut, was erst seinen
Gegnern! Je weniger man ihnen anhaben kann, desto ver=
dächtiger sind sie. Manchmal geht es bis zum Aberwitz,
z. B. wenn General v. Stosch als von Thiers gekauft be=
schuldigt wird. Allerdings muß man unterscheiden zwischen
dem, was ausdrücklich in Umlauf gesetzt ward, und dem,
was nur im Moment hinausgeschleudert wurde, bald um
so nebenbei dem Hörer eine Meinung beizubringen, bald
auch nur um der übermüthigen Anwandlung Luft zu
machen. Alles ohne Unterschied hat Busch aufgeschrieben,
als treuer Diener seines Herren! Das Schlimmste ist wohl
auf Rechnung der ungezähmten Lästerzunge zu setzen. Bis=
marck hatte so recht, was man sagt, ein mechantes Mund=
stück. Er hatte immer einen malitiösen Gedanken auf der
Zunge, und was er auf der Zunge hatte, konnte er im un=
bewachten Augenblick nicht hinunterschlucken, im bewachten
um so besser. Busch, dessen naiver Cynismus ein dem
Original für solche Zwecke wohl angepaßter Spiegel ist, be=
richtet unzählige Male, wie er rektifizirt wurde, weil er in
seinem Diensteifer wörtlich das verbreitete, was der „Chef"
zwar in Wirklichkeit geäußert hatte, aber doch später bedenklich
fand, wenn es gedruckt dastand. Trotzdem er ein Junker
war, hatte er gar keine aristokratischen Vorurtheile. Er kannte
nur einen Unterschied zwischen den Menschen: ob sie sich
ihm anpaßten oder nicht; daher war er Jedem gegenüber,
wenn er ihn nicht als verdächtigen Feind behandelte, rückhaltlos
gesprächig und unbedacht, seinen kaustischen Witz anzubringen.
Das war sozusagen ein reiner Sport für ihn. An einem
seiner Samstag=Abende saß ich einmal neben ihm auf dem
Sopha. Ein Herr tritt grüßend ein und schreitet an ihm
mit ehrfurchtsvoller Verbeugung vorüber. „Ist das nicht
Staatssekretär von Thile?", fragte ich ihn. „Ich hab' es
schaudernd selbst erfahren", antwortete er mir leise. Wir
hatten uns im Uebrigen gar nicht mit dem Mann be=
schäftigt. In anderen Fällen lief freilich Berechnung mit
unter. Eines Tages, es war zufällig auch ein Samstag,
hatte ich Stephan wegen seiner Leistungen in der Organi=
sation der Feldpost im Reichstage gelobt. Als ich des
Abends zum großen Empfang kam, nahm mich Bismarck
bei Seite: „Sie haben mir heute Stephan zu sehr gelobt,

der Mann ist ohnehin zu eitel. Eitelkeit ist wie eine Hypothek auf ein Grundstück; sie entwerthet es um ihren Betrag". Er hat später den Spruch auch sonst noch gebraucht. Am größten war seine Meisterschaft in der Kunst, scheinbar unabsichtlich dem Zuhörer eine Meinung beizubringen, damit er sie weiter verbreite. Bekanntlich sagte er einmal von Jemand: „Der Kerl ist so dumm, man kann ihm nicht einmal ein Geheimniß anvertrauen, damit er es weiter erzähle". Wie die meisten großen Machtvirtuosen war er auch ein ausgezeichneter Schauspieler, wo es darauf ankam.

III.

In einer alten von einem Jesuiten verfaßten Chronik ist folgende schöne Geschichte zu lesen. Zur Zeit Philipps II. hatten die Blinden in Madrid das Privilegium, die sensationellen Neuigkeiten in den Straßen auszurufen; sie besaßen das Monopol des Handwerks der heutigen Extrablätter. Eines Tages schrie ein solcher Blinder den Bericht eines schönen Seesieges über die afrikanischen Piraten aus. Zwei spanische Kriegsschiffe hatten einen algerischen Kutter weggenommen und in den Hafen von Cadiz gebracht. Da ging ein Mann auf den Blinden los und raunte ihm ins Ohr: warum schreist du nicht auch aus, daß, wie du weißt, die algerischen Seeräuber gleichzeitig an einer anderen Stelle drei spanische Galleonen gekapert haben? — Das, antwortete der Blinde, geht mich nichts an, das ist die Sache der Blinden von Algier. Der Blinde kannte die Quintessenz der politischen Behandlung der Dinge. Dem politischen Virtuosen kommen die Eingebungen dieser Taktik nicht erst durch Reflexion. Sie liegen ihm im Blute. Und die Grundursache davon ist: er sieht von Natur Alles nur so, wie es ihm paßt.

Niemand hat entschiedener und öfter als Bismarck ausgesprochen, daß es keine dauernde Wahrheit gebe, daß nach Umständen bald das Eine, bald das Andere als das Richtige hingestellt und befolgt werden müsse. In Busch (I. S. 519) ist auch ein langes Zitat dieses Inhalts. Man könnte die Behauptung, einschränkend, nur für die Politik gelten lassen wollen. Aber die Politik war sein Alles, und in Wirklichkeit umfaßt sie auch Alles. Wenn man z. B. die Relativität von wahr und falsch auf den Krieg gegen das Papstthum und den Frieden mit demselben ausdehnen will, was bleibt da noch übrig, um nicht relativ zu sein! Schon Andre haben vor Bismarck diesem Prinzip der Prinziplosigkeit gehuldigt.

Paris vaut bien une messe. Der französische König hat es auch ein andermal noch ausführlicher formulirt, daß ein großer Herrscher einmal das Eine, ein andermal das Andere vertreten müsse, je nach dem souveränen Gesetz der Zeiten. Bismarck hat denselben Gedanken so oft variirt, daß er eine Art Gemeinplatz geworden ist. Seine blinden Nachbeter waren gezwungen, sich ihn anzueignen. Er hatte einen merkwürdigen Instinkt dafür, was man den Menschen bieten und wie man sie umstimmen könne. Das Meisterwerk war ja der „Bruderkrieg" zwischen Deutschen. Welch ein Schaudern war noch im Mai 1866 in der großen Zahl, und dann welche Bekehrung in beinahe allen Reihen! Mit dem Schutzzoll auf Getreide ging es in verjüngtem Maße ebenso. Die Erfindung, wie man den Bauer gegen den Städter mobil machen könne, war sein Werk. Auch die Untergrabung des Liberalismus durch die Sozialdemokratie hat er deutlich ins Auge gefaßt, wenn schon die Durchführung nicht ganz nach seinem Plan gelang. Das Stärkste war immerhin die Evolution vom Kulturkampf zum Frieden mit dem Ultramontanismus. Nur wer die Zeiten vor dreißig Jahren miterlebt hat, kann dies im vollen Maße würdigen. Damals war der protestantische Eifer gegen den Katholizismus die Quintessenz der Bismarckbegeisterung für ganze große Gebiete Deutschlands. Wie viele Pastoren hielten zu meinem in diesem Punkt so unvollkommenem Subjekt nur darum, weil ich überhaupt mit Bismarck ging. Und das Merkwürdigste war, daß ihm nicht schadete, als er auf die entgegengesetzte Seite trat. Er wußte, welch ein armes Ding die Logik ist, wenn die Macht der Thatsachen sie nicht anerkennt.

Wer sich als einen solchen Virtuosen in der Kunst der Menschenbeherrschung bewährt hat, der kann schon als Zeuge dafür gelten, daß es keine Redensart ist, wenn behauptet wird, die Tagespresse sei die größte Macht des Tages. Auch

Napoleon, zu dessen Zeiten sie noch in den Kinderschuhen steckte, war unablässig hinter ihr her, mit Verfolgungen, mit Berichtigungen. Nichts war auch ihm klein darin. Es ist belehrend, aus Busch zu sehen, wie die großen Blätter ununterbrochen mit des Kanzlers Ideen gespeist wurden. Alle Künste kamen dabei zur Verwendung. Korrespondenzen aus Rom, aus Madrid, aus Wien oder aus Darmstadt wurden, mit allen Merkzeichen der Echtheit versehen, in der Wilhelmstraße fabrizirt. Wenn der Inhalt zu anstößig für die großen respektablen Blätter war, entschloß man sich, sie einem „entfernten Schandblatt" wie Busch es nennt, einzuflößen. Der Welfenfonds hatte einen breiten Rücken. Als einen der Höhepunkte des Treibens kann man die Episode vom Frühling 1877 bezeichnen (neben der von 1888), als Bismarck den Hebel seiner beabsichtigten Demission, wie so oft früher und später, aber damals mit dem äußersten Nachdruck ansetzte. Wie wenig ernst es ihm damit im Grunde war, darauf kann man aus den Erlebnissen des Jahres 1890 den Rückschluß machen. Busch druckt in dem ersten der drei englischen Bände sämmtliche damals auf Bismarcks Anordnung veröffentlichten Artikel aus den „Grenzboten" wieder ab. Dieser Preßfeldzug wurde auch Anlaß, daß Busch, welcher fünf Jahre vorher in Ungnade gefallen war (und wohl nicht ohne Ursache), wieder zu Gnaden aufgenommen wurde, des eblen Zweckes wegen. Mit Wonne schwelgt er in der Beschreibung dieser rührenden Versöhnungsscene. Lothar Bucher arbeitet als einer der Hauptmaschinisten mit. Sein Famulus Busch badet sich in dem giftigen Strom, der mit Vorliebe gegen die Kaiserin Augusta, gegen alle der Wilhelmstraße verdächtigen Personen losgelassen wird. Man muß ihn zügeln. „Gamaliel", so heißt der Kanzler in ihrer Zigeunersprache, findet die Dosen hie und da zu stark; das Gift muß subtiler destillirt werden. Ob Busch selbst an die Absicht der Demission geglaubt hat, ist gleichgültig. Er besorgte sein Geschäft. Bucher war wohl gläubig. Sein menschenfeindlich mystisches Wesen hatte sich ganz sklavisch den Suggestionen seines mächtigen Herrn ergeben. Geargwohnte Verschwörungen gegen denselben mit Schmähschriften zu bekämpfen, war ihm ein Genuß, wie einige Jahre später die Lancirung seiner anonymen Flugschrift gegen den bösen Cobdenklub und die ihm verkauften deutschen Freihändler. In den Tagen, wo die Demissionskomödie auf ihrem Höhepunkt stand, begegnete ich ihm eines Abends auf der Straße. Wir blieben eine kurze Weile im Gespräch zusammenstehen. Ich erwähnte, daß ich auf dem Wege zum Theater sei. Wie man an Vergnügungen denken könne in einem Augenblick, wo solch eine Katastrophe spiele! Ich glaube, es war ihm ganz ernst damit. Das Schönste dabei war, daß im Mittelpunkt des ganzen Intriguenspiels die Anklage gegen den Ultramontanismus stand und die angebliche Bedrohung, daß Deutschland ihm durch die Kaiserin Augusta, ihren Hof, Schleinitz, ja durch die Urprotestanten Gefscken und Max Müller unterworfen werden sollte. Zwei Jahre darauf machte Bismarck seinen Frieden mit dem Centrum, beseitigte den Kulturkampf und den Minister Falk, der 1877 als der Hort des Reichs in Schutz genommen worden war, als den wahren Uebelthäter. Und die Ironie des Schicksals wollte, daß der Kanzler, welcher den Krieg gegen den kaiserlichen Hof wegen seiner Hinneigung zu Windthorst führte, im März 1890 unter anderen Motiven wegen einer geheimen Besprechung mit Windthorst entlassen wurde.

Tiedemann hebt als charakteristisch hervor, daß der Kanzler einem Gegner nicht gerecht zu sein vermochte. Das war auch nie seine Absicht. Wer sich ausschließlich der Bekämpfung seiner Gegner widmet, thut am besten, gar nicht erst über die Möglichkeit ihrer Berechtigung nachzudenken. Diesem praktischen Instinkt folgte Bismarck von selbst. Ja, sein Naturell erleichterte ihm diese Aufgabe, indem es ihm von vornherein alle Lust, man könnte sagen, die Fähigkeit versagte, einen Gegner oder überhaupt einen Anderen als sich selbst zu verstehen. In einem Briefe an Gerlach schreibt er 1857: „Die Fähigkeit, Menschen zu bewundern, ist in mir nur mäßig ausgebildet, und es ist vielmehr ein Fehler meines Auges, daß es schärfer für Schwächen als für Vorzüge ist." Wer immer in seinen von ihm selbst, von Anderen und namentlich auch in den von Busch aufgezeichneten Aeußerungen jemals genannt worden ist, wird beim Lesen dieser Verdikte lächeln über die Auffassung seiner Motive und Zwecke, der er da begegnet. Es ist auch, ohne Unterschied der Lage und Persönlichkeiten, immer die nämliche. Wer etwas andres will als er, thut das vor Allem aus persönlicher Feindschaft gegen ihn. Alte feste Freihändler z. B. stellen sich seinen schutzzöllnerischen Plänen nur gegenüber, weil sie von ihm kommen. Sonstige Gründe haben sie dafür nicht. Höchstens kommt noch etwas Anderes dazu: sie sind Streber, sie wollen die Gunst einflußreicher Personen ergattern, natürlich nur, um sich selbst emporzuschwingen. Bosheit gegen ihn oder Stellenjägerei, ein Drittes gibt es nicht. Im Anfang der achtziger Jahre, wo seine Macht so bombenfest stand, daß Alles vor ihm zitterte, wo nur ein Narr sich hätte vornehmen können, ihn zu stürzen, sieht er in jedem Andersmeinenden einen Rivalen, der sich an seine Stelle setzen will. Wenn er mit dem Vorsatz, Hamburg in den Zollverein einzuschließen, auf Widerstand stößt, erklärt er es aus den partikularistischen Neigungen seiner Gegner und den Sympathien der großen Kaufmannstadt für die „sozialdemokratische" (!) Republik. Seine Gegner waren zwar in erster Reihe die Freihändler, und darunter Männer wie Delbrück und die höchsten Würdenträger der Hamburger Bürgerschaft. Doch was geht das ihn an! Auch hier wieder triumphirt er mit einem krassen Umschlag der Stimmung. Am 25. Mai 1881 sprach noch auf der Tribüne des Reichstags einer der mildesten aller Volksvertreter, der Abgeordnete für Hamburg, von dem „blutenden Herzen" der aufgeregten, vergewaltigten Stadt; und später — welch ein begeisterter Kultus für den ehemaligen Dränger, woran der Reflex der illustren Nachbarschaft nicht unbetheiligt sein mochte.

Ueber den ersten Anlaß zu dieser Einbeziehung der Hansestädte in den Zollverein kursirten verschiedene Angaben, die sich auf persönliche Erlebnisse Bismarck's aus zöllnerischen Erfahrungen bezogen. Eine Version sehr glaubhafter Art, die aus der besten Quelle stammt, ist mir vor Jahren mit allen Einzelheiten von einem ganz unparteiischen Hamburger Notablen mitgetheilt worden. Aber man muß sich nicht aus solchen Beobachtungen zu ähnlichen Ungerechtigkeiten verleiten lassen, wie Bismarck sie gegen Andere zu verüben pflegte. Es gehörte eben zu seiner persönlich konzentrirten Denkweise, daß er seine eignen Eindrücke verallgemeinert zum Maßstab der Dinge überhaupt erweiterte.

In der Zeit, wo er mit dem Plan umging, das gesammte deutsche Eisenbahnwesen den Einzelstaaten abzunehmen und in das Machtgebiet des Reiches zu verlegen, lud er mich zu einer Besprechung dieses Projektes unter vier Augen ein. Ich war meinerseits durchaus kein Gegner dieses Planes, der übrigens nicht auf einen Eigenthumsübergang der Bahnen an das Reich, sondern auf ein Oberaufsichtsrecht hinaussteuerte — allerdings ein viel stärkeres, als es nachmals in dem unbedeutenden Reichseisenbahngesetz verwirklicht ward. Es fiel mir aber in seiner sehr ausführlichen Motivirung doch auf, wie nach seiner eigenen Darstellung der erste Anlaß zu dem ganzen Gedanken unter anderem davon herrührte, daß er eines Tages wegen Verspätung eine halbe Stunde im Bahnhof auf einen Zug hatte warten müssen. Man kann gewiß nicht sagen, daß er das Reichseisenbahnsystem nur gewollt habe, um sich für die Zukunft ähnliche Unbequemlichkeiten zu ersparen. Und doch hatten die beiden Dinge eine psychologische Verbindung unter einander. Und bei anderen größeren und kleineren Anlässen ist es wohl ebenso gewesen. Tiedemann erzählt, wie die von ihm dem Fürsten eines Tages vorgetragenen Klagen eines ihm befreundeten Fabrikanten von Laubholzsägen, der durch die französische Konkurrenz zu Schaden gekommen war, plötzlich die Gedankenreihe der Schutzzollpolitik in ihm aufgeweckt und ihn zu einer Reihe vorbereitender Schritte für dieselbe veranlaßt haben. „Das schutzöllnerische Steinchen war ins Rollen gekommen." (Es wird diesmal doch noch anderes, längst Vorbedachtes mitgewirkt haben.)

Dergleichen persönliche Eindrücke verfehlen auch auf Menschen ganz anderen Kalibers zuweilen ihre Wirkung nicht. Lasker war gewiß seiner ganzen Anlage nach in seinem Verhalten zu den öffentlichen Angelegenheiten selbstlos zu nennen. Gleichwohl hat in seiner Stellungnahme gerade zu der obengenannten Hamburger Angelegenheit ein individuelles Erlebniß eine Rolle gespielt. Er war einmal auf einem Ausflug nach Holstein bei dem Eintritt aus Hamburg nach dem Zollgebiet und bei der Rückreise genöthigt worden, sein Reisesäckchen den Mauthbeamten zu öffnen. Daß dies an den Binnengrenzen des Deutschen Reiches geschehen konnte, hatte seinen notionalen Sinn empört, und diese Reminiscenz kam in seinen Aeußerungen zum Vorschein, als es sich um das Anschlußgesetz handelte. Er stellte sich auf Bismarck's Seite, gewiß nicht um dieser Reminiscenz allein willen; aber wer kann sagen, welches Gewicht das Reisetäschchen in seine Gesammtauffassung geworfen hatte! So stimmte er gegen mich und für Bismarck; von ihm bestimmt noch mancher andre, und vielleicht hat das Säckchen die Entscheidung gegeben. Bismarck hat's ihm, beiläufig gesagt, nicht gedankt, er hat nur verächtlich über ihn mit seinen Getreuen gesprochen, wie über die Meisten.

Den krassesten Effekt auf diejenigen, welche in Bismarck nicht nur den eminenten Politiker bewundern, sondern ihn als einen makellosen Heiligen anbeten, müßten Busch's Enthüllungen über sein inneres Verhalten zu Kaiser Wilhelm I. hervorbringen, wenn Anbetung überhaupt mit Urtheil etwas zu thun hätte. Wer den Kanzler immerhin noch als einen Menschen ansah, und einigermaßen aus der Nähe, konnte allerdings über die Aufrichtigkeit seiner Schwärmerei für die Monarchie und für den bestimmten Monarchen nie im Zweifel sein. Ueberraschend in Busch's Enthüllungen ist nur der Eifer, mit dem die Wirklichkeit des Sachverhalts bescheinigt wird, nicht nur unter der Feder des dienstwilligen Berichterstatters, sondern auch ohne Zweifel unter treuer Wiedergabe des allereigensten Wortlautes. Obgleich die ganzen drei Bände von solchen Reden wimmeln, unter denen auch Bismarck's Urtheil über die drei Könige, die er in ihrer „Nacktheit" vor sich gesehen, figurirt, ist doch die am Ende des zweiten Bandes geschilderte Episode ein Non plus ultra von Nudität, so charakteristisch für das Original und den Darsteller, daß man sie nicht stillschweigend übergehen kann.

Auf Seite 446 u. ff. des zweiten Bandes erzählt Busch ausführlich, wie ein gewisser Artikel zu Stande kam, der ursprünglich, wie schon oft, für den in London erscheinenden „Daily Telegraph" bestimmt war, mit der Berechnung, daß er von da in deutsche Blätter übergehen solle. Bucher kam zu Busch in dessen Privatwohnung, um ihm den Artikel zu diktiren. Es handelte sich wieder einmal um eine der zahlreichen „Krisen", zu deren Lösung die Drohung mit einem

Entlassungsgesuch des Kanzlers inscenirt werden mußte, um den Kaiser zum Nachgeben zu stimmen. Im Eingang wird hingeworfen, daß Hindernisse, die dem Kanzler von dieser Seite kommen, gerade deshalb so aufregend auf ihn wirken, weil sein zartbesaitetes monarchisches Gemüth so verwundbar sei. Dies gehe bis zu wahrhafter Schwäche, dem sei nun einmal nicht abzuhelfen. Seine Hingebung an die Monarchie liege ihm seiner Herkunft und Erziehung gemäß im Blute, sie lasse sich am besten als eine Art „Carlismus" bezeichnen. An dieser Stelle, die auf einen an die Geistesrichtung der fanatischen Anhänger der spanischen Legitimität erinnernden Zug hindeuten soll, kann der Schreiber sich nicht enthalten, seinen Bericht mit einer Parenthese zu unterbrechen. Er definirt selbst den Ausdruck „Carlismus" als „übertriebene Loyalität" und setzt hinzu:

„Dabei begegneten sich die Blicke der beiden Auguren (Bucher und Busch) und tauschten ein vielbedeutendes Lächeln aus".

Dann diktirt Bucher weiter:

„Wir bedauern, einräumen zu müssen, daß seine Hingebung an sein Vaterland und sein Volk sich dem Dienst seines Königs unterordnet".

Dazu in Parenthese: „Die beiden Auguren grinsten sich von neuem an".

Und zum Schluß bemerkt Bucher seinem Kameraden, daß das Wort „Carlismus" von Bismarck selbst vorgeschrieben, wie das Ganze dessen Haupt entsprungen sei. Der gesammte Hergang ist so lebhaft geschildert und entspricht in allen Einzelheiten so sehr dem in dieser Preßvehme herrschenden Geist, daß über die Wahrheit kein Zweifel bestehen kann. Aus den — ganz überflüssiger Weise — parenthetisch angeschlossenen Bemerkungen des Schreibers springt sichtbar in die Augen, wie kannibalisch wohl sich die beiden Janitscharen fühlen, daß ihr Herr und Meister ihnen die Ehre anthut, seine Verstellungskunst so splitternackt vor ihnen zu zeigen. Das kommt noch an vielen andern Stellen zum Vorschein, wenn auch nicht so stark unterstrichen, wie hier. An einer andern vergleicht Busch den Stil eines kaiserlichen Briefes an Bismarck mit dem des bekannten Kladderadatschbörsenjuden Zwickauer. Es war aber darum doch durchaus nicht geradezu Heuchelei, wenn Bismarck von seiner Hingabe an „seinen alten Herrn" als seinem einzigen Motiv und seinem alleinigen Ideal sprach. In dieser unvollkommenen Welt darf man niemals das Gesetz des Widerspruchs und der Wandelbarkeit, dem die endlichen Dinge gehorchen, vergessen. Es gilt natürlich auch für einen so eminent praktischen Geist wie Bismarck. Ich sehe ihn noch vor mir stehen, wie er von der Ministerbank aus dem Reichstage den Tod Kaiser Wilhelms verkündete, die letzten Augenblicke schilderte, der Trauer des Vaterlandes erhabenen Ausdruck gab. Ohne Zweifel war auch hier die in diesem Fall gebotene Inscenirung dabei. Wer verstand sie besser als er, wo sie sich empfahl, wenn schon er allem überflüssigen äußeren Apparat abhold war! Auch dieser ward nur herbeigeholt, wo er ihm dienen sollte, aber dann virtuos. Gewiß war er in jenem Augenblick wirklich bewegt und ergriffen. Es lag kein Grund vor, anders zu fühlen, und mancher Grund, den Ernst des Vorgangs auch für sich zu empfinden. Auch die von ihm selbst verfaßte Grabschrift war gewiß ernst gemeint, wenn schon sie, in der er sich den treuen Diener des ersten Kaisers nennt, weil aus den letzten Jahren stammend, einen polemischen Hintergrund hatte. Wenn der Kanzler seinen Zorn über den Widerstand des Reichstags ausschüttete und ihm entgegenschleuderte, die Könige von Preußen seien keine Schattenherrscher, sie gewännen bei näherer Bekanntschaft und ihr Wille sei allein sein oberstes Gesetz, so füllte das wohl im selben Augenblick sein ganzes Gemüth aus. Aber wenn er unter vier Augen oder brieflich einige Mal sagt, eigentlich sei er Republikaner, d. h. er könne keinen Menschen über sich stellen und habe keinen Respekt vor den Gesalbten des Herrn, die er so sehr aus der Nähe kennen gelernt, so ist das auch sein aufrichtiges Bekenntniß. Einer meiner nächsten Freunde kam eines Tages aus einer Audienz, die er bei Bismarck gehabt hatte, zu mir und erzählte mir, er habe im Nebenzimmer anfangs auf den Kanzler warten müssen, der von einem Vortrag im Schloß zurückerwartet wurde. Nun trat er stürmisch ein, schleuderte die Mütze auf den Stuhl und warf ungestüm die Schiller'schen Worte laut hin: „Ich kann nicht Fürstendiener sein" — sich selbst ironisirend, wie ihm oft geschah. Sein Monarchismus gehörte eben zur Erfüllung seiner Lebensaufgabe und, soweit er dazu nöthig war, war er echt, unter Umständen heroisch. Im Lauf der Zeiten war er durch die Reibungen mit dem Monarchen und gar noch mit den übrigen deutschen Fürsten, die doch eigentlich an Gottesgnadenthum gleichwerthig sein mußten, zersetzt worden, umgekehrt, wie es mit seinem Deutschthum ging.

Ursprünglich war er nur preußisch und geradezu antideutsch. In dem Maße, als seine Lebensaufgabe sich steigerte und erweiterte, hob er sich über das Preußische zum Deutschen hinauf. Wie oft ist später derselbe Mann, der einst die schwarzweiße Fahne für die einzig erlaubte erklärt hatte, gegen den preußischen Partikularismus zu Felde gezogen! Und so ging es mit den meisten Dingen. Bald spottet er im Stillen über den „Fürstenpöbel" (the princely mob im englischen Text), bald sind ihm die deutschen Fürsten die einzigen Patrioten, die er rühmend dem Reichstag als Exempel vorhält, natürlich, wenn der Reichstag ihm nicht folgen will, während die fürstlichen Minister vor ihm zittern. Wenn er gegen den preußischen Partikularismus loszieht, sind es vor Allem die „Geheimen Räthe", die seine Nerven reizen. Thörichterweise hat die sich an dieser Kritik ergötzende Menge ihm oft dabei zugejubelt. Aber was ihn gegen diese Geheimen Räthe aufregte, waren nicht ihre Mängel, sondern ihre Vorzüge, die sachliche Strenge der alten gewissenhaften Bureaukratie, welche die Dinge nicht nach seinem jeweiligen Belieben, sondern nach der Natur ihrer Aufgabe behandeln wollte. Daher seine Angriffe gegen den „Ressortpatriotismus", wie er in den Parlamenten nur Fraktionspolitik erblickt. So sah und fühlte er jeweils das von ihm für recht und nützlich Erachtete als kategorischen Imperativ. Auf demselben Wege gelangt er in den „Erinnerungen" auch zu der interessanten Digression über den im deutschen Volk herrschenden Partikularismus, den er mehr aus der Anhänglichkeit an den Dynastien als aus der landschaftlichen Eigenliebe ableitet — eine Behauptung von zweifelhafter Richtigkeit. Wie stimmt dazu u. a. der Frankfurter, der Hamburger Partikularismus?

IV.

Die Menschheit macht sich von der Art, wie geniale Staatsumwälzer sich mit ihren Objekten identifiziren, eine ihrem idealisirenden Bedürfniß entsprechende Vorstellung. Man sollte sich immer an das Prototyp des ersten Napoleon erinnern. In der Zwischenzeit zwischen seinem italienischen Feldzug und dem achtzehnten Brumaire hatte er sich mit der Idee erfüllt, Europa hinter sich zu lassen und ein großes orientalisches Reich zu stiften. Seine südliche Phantasie hatte es ihm in bunten Farben im Kopf ausgebaut. Das hinderte ihn nicht, später, und besonders in St. Helena, von dem Frankreich zu reden, das er „über Alles liebe". Gewiß ist Bismarck aus einem engen Preußen ein guter Deutscher geworden, — und seine Natur war echt deutsch, wenn auch noch etwas anderes — aber doch nicht zum wenigsten auch deshalb, weil die Entfaltung seines Genies ein großes Deutschland brauchte. Das hindert nicht, daß Deutschland, wenn man Werth darauf legt, ihm auch „dankbar" sein soll. Die Statuen, die es ihm errichtet, hat er um es verdient; die Könige von Preußen schulden ihm den Dank für die Größe, zu der er ihrer Monarchie verholfen hat. Aber der Einblick in den organischen Zusammenhang der Dinge, ja die Versöhnung zwischen den Widersprüchen im Kleinen und den Leistungen im Großen löst sich aus bei dieser richtigen Vertheilung von Licht und Schatten. Nicht aus seinem Verlangen nach einem großen Deutschland ist der Impuls zu seiner großen Schöpfung entsprungen, sondern aus seinem Impuls zu großen Thaten ist das Objekt seines Verlangens immer größer geworden. Die Beseitigung der Hindernisse hat die Grenzen seines Wollens immer weiter hinausgeschoben. Sein Preußenthum stieß zuerst auf das Hinderniß der österreichischen Vormacht. Diese zu brechen, mußte er ein positives Gegenziel haben. Dies konnte kein anderes sein als Deutschland. Ebenso ging es mit dem Hinderniß Frankreich. Frankreich hatte sich in den Kopf gesetzt, Deutschland dürfe nicht ein starkes Reich werden. Dadurch war auch der Sieg über Frankreich, die Erhebung Deutschlands zur ersten Macht des europäischen Westens unvermeidlich. Die

Konsequenzen großen persönlichen Wollens, das sich allmählich in der Kraftübung selbst entdeckte, führten diesen Weg aufwärts. Mit vorgefaßten idealen Plänen hatte das nichts zu thun. Das Höchste an vorausbedachter und mit unendlicher Ueberlegenheit durchgeführter Planmäßigkeit ist das Objekt der Besiegung Oesterreichs durch Preußen. Die vorbereitende Strategie in den Jahren der Frankfurter Bundestagsgesandtschaft und die Ausführung in der Ministerperiode von 1862 bis 1866 sind das wahre Meisterstück von Bismarck's Genialität und die wahre Grundlage seiner großen Staatsmannschaft. Dieses Ziel, dessen Richtigkeit von anderen so wenig vorauserkannt wurde, ist sein wahres Ideal gewesen, wenn man ihm eines geben will. Den Gipfelpunkt seiner politischen Weisheit bezeichnet der Augenblick, da er in Nikolsburg mit wahrhaft leidenschaftlicher Mäßigung sich den Eroberungsgelüsten des Königs entgegenstemmte. Nationale Schönheitsgestalten erhitzten seine Phantasie nicht. Von Zeit zu Zeit ließ ein Blick in die Tiefe wieder den Ausgangspunkt des preußischen Machtgedankens erkennen, wenn auch nur als überwundene Reminiscenz, z. B. die nicht ernst gemeinte Drohung, mit dem ganzen Reichsgebilde wieder ein Ende zu machen und sich auf einen Bund zurückzubeschränken, an dessen Spitze der König von Preußen mit den Militärkonventionen und dem Zollverein, wie vor 1870, übrig bliebe. Wie aber war es mit dem vor Ausbruch des Krieges von 1866 an Oesterreich gemachten Vorschlag gemeint, Deutschland an der Mainlinie definitiv in zwei Hälften zu theilen, deren südliche den Habsburgern und deren nördliche den Hohenzollern gehören solle? Wer kann jetzt sagen, wie viel Ernst vor der Schlacht von Königgrätz in diesem Angebot steckte? Vor und noch lange nach dem böhmischen Feldzug wurde das geheim gehalten. Nur auf ganz vertraulichem Wege hörte man im engsten Kreise von einer Sendung des Herrn von Gablenz nach Wien, ungefähr dieses Inhalts. Alles ist denkbar. Ebenso möglich, daß es für den Augenblick ernst gemeint war, als daß Bismarck sich vorbehielt, wenn es angenommen wäre, später bei anderen Gelegenheiten es wieder umzurennen; oder daß er darauf rechnete, Oesterreich, wenn es darauf anbiß, eine Falle zu stellen, vor der Welt zu enthüllen, daß es bereit gewesen wäre, Deutschland in zwei Hälften für immer auseinanderzureißen und gleichzeitig über Frankreich herzufallen, um ihm Elsaß-Lothringen zu entreißen, wie sich der Vorschlag ergänzt hatte, wodurch Oesterreich auch Frankreich gegenüber kompromittirt gewesen wäre. Es war Bismarck's Methode, jede Handhabe zu erfassen, die je nach Umständen zu verschiedenen Zwecken sich im Lauf der Dinge gebrauchen ließ. Die Wiedereroberung von Elsaß-Lothringen aus historisch-nationalen Gründen gehörte auch nicht zu seinen Herzenswünschen. Er nannte sie eine Professorenidee und betrachtete sie nach den deutschen Siegen als ein natürliches Ergebniß derselben zur Sicherstellung der deutschen Grenzen. Ueber die Nothwendigkeit der Einbeziehung von Metz wechselte er mehrmals die Ansicht. Das vermindert seinen Ruhm nicht im Geringsten. Er beurtheilte immer die Dinge vom reinsten Zweckmäßigkeitsstandpunkt aus, und sein Zweck war unter den gegebenen Umständen allein die künftige Sicherheit des Deutschen Reichs. Hätte er gedacht, die Idee der Revanche wäre durch den Verzicht auf Elsaß-Lothringen in Frankreich für ewig aus der Welt zu schaffen, so hätte er wohl mit Recht auf die zwei Provinzen verzichtet. Aber, wie jeder Unbefangene, hielt er das für eine Illusion und hielt fest an dem Entschluß, Deutschlands Sicherheit als das Gewisse zu nehmen und gleichzeitig damit dem volksthümlichen Gedanken der Rücknahme beider Provinzen an das Reich Genüge zu thun.

In Aussprachen von Franzosen, geschriebenen und gedruckten, bin ich oft der Ansicht begegnet, Bismarck habe sie, als Nation, gehaßt. Das ist mir nicht glaubhaft, schon aus allgemeinen Ursachen. Er war — das Wort im modernen Sinne genommen, denn im Sinne der alten Scholastik bedeutet es vielmehr das Gegentheil — viel zu sehr Realist, um abstrakte Gesammtheiten, was die Engländer Entitäten nennen, zu hassen. Leibhaftige Menschen, die ihm in den Weg traten, konnte er, wie man ihm wohl glauben darf, recht gründlich hassen. Aber er war nichts weniger als ein Fanatiker oder Chauvinist, dazu schwebte sein Geist viel zu ungebunden über den Dingen. Bei Gelegenheit, wo es ihm nützlich schien, predigte er auch den Nationalhaß. Er war der Ansicht, daß es den Deutschen der vorhergegangenen

Generationen mit ihrem Kosmopolitismus zu sehr daran und an nationalem Selbstgefühl gefehlt habe, und daß man ihnen darin nachhelfen müsse. Es ist ihm nur zu gut gelungen. Daher auch sein Bestreben, sie in Nebensachen nach dieser Richtung hin aufzustacheln, z. B. in seiner Proskribirung der lateinischen Lettern, welche zu zweck- und schönheitswidrigen Uebertreibungen führte, wie die, daß die bis dahin mit lateinischen Buchstaben gedruckten Publikationen der Akademie mit Bänden gothischer Schrift unterbrochen werden mußten. Einmal war ein statistischer Foliant nach altem und vernünftigem Brauch lateinisch fertig gedruckt. Als er ihm, der ihn doch gewiß nicht persönlich zu prüfen hatte, vorgelegt werden sollte, erschraken die Untergebenen vor seinem Grimme und ließen den ganzen theuren Band umdrucken und dann vernichten. Bekanntlich sind die sogenannten lateinischen Lettern womöglich noch echter deutsch als die gothischen, und die Gebrüder Grimm, gewiß keine schlechten Deutschen, bedienten sich ihrer. An Ausfällen gegen die Franzosen fehlte es bei ihm nicht; auch gegen die Engländer geht er zu ihm gelegener Zeit damit los. Gleichwohl bemerkt er selbst in seinen „Erinnerungen", er habe eine gewisse Vorliebe für das Englische gehabt; und das ist bei ihrer Mannhaftigkeit ganz denkbar. An den Franzosen war ihm das Pathetische und Phraseologische zuwider. Das tritt besonders in den Dialogen mit den französischen Unterhändlern in Versailles hervor, wogegen er sich in Frankfurt und Berlin mit dem sachlichen und derben normännischen Spinner und Schutzzöllner Pouyer-Quertier, der ihm sogar im Pokuliren Stand hielt, recht munter verstand. Für die kleine Aesthetik des Lebens, wie sie die Franzosen verstehen, hatte er keinen Sinn (aber ebenso wenig für die große Kunst). Es wurde einmal bei Tisch erzählt, Roon habe sich für sein Landgut Gütergotz sehr schöne Möbel angeschafft, worauf er sagte: er habe im allgemeinen bemerkt, daß Leute, die viel auf schöne Möbel hielten, schlecht zu essen pflegten. Um wirklich die Franzosen schlechthin zu verabscheuen, hatte er viel zu viel vom französischen Esprit. Kein anderer hätte es wagen dürfen, in parlamentarischen Reden so viel französische Ausdrücke und Wendungen zu gebrauchen, wie er, der ein so elegantes Französisch sprach und schrieb, ohne von unseren Oberteutonen gesteinigt zu werden. — In der That war einer der merkwürdigsten Züge seines Wesens, daß in ihm — etwas sehr Seltenes — so viel Geistreichigkeit mit so viel praktischem Sinn zusammenging. Wie die Franzosen ihn für ihren Gegner aus Stimmung hielten, so haben ihn vielfach auch die Juden für einen Antisemiten gehalten, ebenfalls meines Erachtens irrthümlich, aus oben geschilderten allgemeinen Gründen. An dem Aufkommen des Antisemitismus der Stöcker und Treitschke war er unbetheiligt. Aber es gehörte zu seiner Methode, ein Geschoß, das ihm andere geschmiedet, nicht von der Hand zu weisen, es für vorkommende Fälle in seinem Arsenale niederzulegen, es bald zur Einschüchterung, bald zur Herabsetzung eines Gegners zu verwerthen. Als Friedenthal sich vom landwirthschaftlichen Ministerium zurückzog, weil er den mit den Getreidezöllen eingeleiteten agrarischen Feldzug nicht mitmachen wollte, nannte er ihn, wie man sich im Foyer des Reichstags erzählte, im vertrauten Kreise einen semitischen Hosensch — r. Busch thut sein Möglichstes, um Bismarck als einen Antisemiten seinesgleichen hinzustellen. Aber es gelingt ihm nicht, so oft er auch versucht, ihn dazu zu bekehren; nämlich: Busch selbst trieft von Antisemitismus. Es wäre auch schade und unbegreiflich, wenn dieser edlen Seele ein so ganz zu ihr stimmender Charakterzug gefehlt hätte. Wo es gilt, Einen bei seinem Herrn schlecht zu machen, ist immer das Erste, daß er meint, derselbe sei wohl ein Jude, z. B. Rickert, von dem es sogar Bleichröder als klassischer Zeuge bescheinigt haben sollte. Es ist merkwürdig, daß nicht auch Stosch dessen von ihm angeklagt wurde; mit der Kaiserin Augusta müßte es schon schwerer geworden sein.

Auf der Höhe seiner Mission, in der aufsteigenden Periode, beherrscht das Große, in der absteigenden das Kleine sein Augenmerk. Selbst an der Hand von Busch's Tagebüchern läßt sich das verfolgen. Das letzte Jahrzehnt der Bismarck'schen Herrschaft, das immer mehr kleinliche Verfolgungssucht entfaltete, spiegelt sich damit auch in dieser Relation ab. Im Jahre 1870, als die Nachricht nach Versailles kam, daß Johann Jakoby vom General Vogel v. Falckenstein auf die Festung gebracht worden, weil er sich gegen die Erwerbung von Elsaß-Lothringen ausgesprochen, mißbilligte Bismarck diese ganz überflüssige Härte und Ungerechtigkeit noch ganz entschieden, weil sie nutzlos böses Blut machen werde. Man vergleiche damit den Feldzug, der losging, als im Oktober 1888 ein Stück des Tagebuchs Kaiser Friedrichs veröffentlicht wurde. Im Grunde ging aus diesen Enthüllungen Bismarck durchaus nicht zu seinen Ungunsten hervor. Für das kühle Politische zeigte er sich als den Ueberlegenen. Die vorsichtige Taktik, mit der er die Einigungsfrage und die dynastischen Schwierigkeiten behandelt wissen wollte, entsprach der Nothwendigkeit der Lage. Auf der anderen Seite muß man dem damaligen Kronprinzen die Ehre lassen, daß er das Drängen der Nation, welches schließlich seinen Druck auf Bismarck und König Wilhelm ausübte, in sich verkörperte, und in der Diagonale der Kräfte, aus denen das Deutsche Reich entstand, hat gewiß auch dieses Element mitgewirkt. Für den Unbefangenen kam durch die Publikation des Tagebuchs weder das Reich noch Bismarck zu Schaden. Aber der Kronprinz hatte für sich die Priorität des Gedankens, das eiserne Kreuz auch den Süddeutschen zu verleihen, und den Eifer für die innere Verwerthung der Siege in Anspruch genommen. Es steht außer Zweifel, daß dies der Wahrheit entspricht. Die in den „Erinnerungen" gegebene Version, daß der Kronprinz die Degradirung der Könige zu Herzögen und den deutschen Königstitel für Preußen vorgeschlagen habe, mag vielleicht einmal gesprächsweise eingeflochten worden sein. Aber, wie schon in der Presse hervorgehoben wurde, bezeugt Gustav Freytag in seiner den Kronprinzen gewiß nicht verschönernden Schrift, daß dieser schon nach Weißenburg und Wörth das Kaiserthum verlangt habe. In Versailles, wo der Kronprinz wegen der Energie seines Auftretens in den bekannten Zusammenstoß mit Bismarck gerieth, war sicherlich nur hiervon die Sprache — und von nichts anderem. Aber diese Darstellung der Sache betrachtete Bismarck schon als eine unerhörte Missethat. Mit welcher Wuth stürzte er sich auf das Tagebuch des unter so tragischen Umständen dahingegangenen Souveräns! Damals ließ er sich wieder einmal den schon mehrmals wegen Indiskretion verschiedener Art bei ihm in Ungnade gefallenen Busch sofort kommen. Man muß im dritten Band des englischen Buches die genaue Beschreibung des ganzen Herganges lesen, wie er sich mit diesem so tief unter ihm stehenden Gehilfen auf den kameradschaftlichen Vertrauensfuß setzt, um den Plan dieses Vorgehens in allen Details mit ihm zu verabreden. Zunächst schlägt Bismarck vor, das verfolgte Schriftstück für unecht zu erklären, ein altes Stratagem journalistischer Polemik, um das Machwerk eines aus kriminalrechtlicher Vorsicht unangreifbaren Autors als ein unechtes zu fingiren. Zwar betont er Busch gegenüber von vornherein, daß das Tagebuch ohne Zweifel echt ist (wer konnte auch nur einen Augenblick darüber in Ungewißheit sein!), aber — schadet nichts, wir fangen den Entrüstungsvorstoß damit an, daß wir die Echtheit für unglaubhaft erklären. Wenn diese Hypothese sich nicht länger wird halten lassen, schieben wir ein neues System ein. Die Hypothese der Fälschung liegt auch dem bekannten Immediatbericht zu Grunde und wird sogar noch in den „Erinnerungen" fingirt. Das neue System war dann das der Behauptung, daß die Veröffentlichung Landesverrath sei, weil sie — längst überwundene — Pressionen eines verstorbenen deutschen Fürsten gegen andere längst versöhnte deutsche Fürsten enthüllte. Und nun vergleiche man mit der daraufhin eingeleiteten Verfolgung gegen den schwachen, alten, kranken Geffcken die nachträglich von Friedrichsruh 1896 in die Welt geschleuderte Enthüllung des sogenannten Rückversicherungsvertrages mit Rußland gegen Oesterreich und dessen denkbare Wirkung auf alle auswärtigen freundlichen und feindlichen Mächte! So verschieden konnte der persönliche Standpunkt das Verhalten des gewaltigen Mannes beherrschen, dessen ungezügelte Subjektivität mit den Jahren immer mehr ihren allereigensten Impulsen folgte. Wenn man — namentlich im dritten Band des Werkes von Busch — die lebendige Beschreibung dieses Hergangs liest, muß man anerkennen, daß er zur Schilderung der Bismarck'schen Individualität einen nicht unwesentlichen Beitrag geliefert hat. Busch's Werk gleicht allerdings seinem Verfasser, aber, da der Meister ihn zu sich emporgehoben hat, gleicht es auch in etwas dem Meister. Die unbegrenzte Dankbarkeit des Berichterstatters

für die schrankenlose Vertrauensstellung, die ihm der hoch=
stehende Mann gewährte, hat uns die kleinsten Einzelheiten
jedes Moments aufbewahrt; wie er ihm guten Tag gesagt, die
Hand geboten, welche Stiefel er bei dieser Gelegenheit an den
Füßen gehabt, wie er ihn ausgezankt, verläugnet, fortgeschickt
und wieder hereingeholt hat; wie er ihm vorschreibt, von
Friedrichsruh nach Hamburg auf vierundzwanzig Stunden
zu verschwinden, damit Kaiser Wilhelm II. ihn nicht
bei ihm sehe — das alles erfahren wir mit einer
— man kann wohl sagen — entzückten Aufrichtigkeit
und Genauigkeit. Bei Gelegenheit der Hetze gegen das
Tagebuch Kaiser Friedrich's behält er ihn lange bei
sich im Schloß zu Friedrichsruh und schüttet ihm
ganze Truhen von alten Briefen blindlings in den Schoß,
damit er sie in sein Zimmer trage. Das wiederholt sich später
noch einige Male, und gründlicher. Immer wieder von
Neuem bis zum Jahre 1892 werden Ladungen von aller=
hand Papieren unbesehen Busch auf sein Zimmer gegeben,
damit er sie sortire und katalogisire. Wie konnte dabei zweifel=
haft bleiben, daß der Empfänger diese Aktenstücke auch zu
seiner Privatschriftstellerei ge- und mißbrauchen werde!
Bismarck hatte ja mehr als einmal die Erfahrung davon
gemacht, sich über die Indiskretionen beklagt, die heimlich
unter dem Tisch gemachte Notizen ihm bereiteten.
Man muß Busch's ausführliche Schilderung über die
Entstehung seines im Jahre 1884 publizirten Buchs „Unser
Reichskanzler" lesen. Er ließ Bismarck von A bis Z mit=
arbeiten. Der streicht und setzt zu — eine lange, weitläufige
Arbeit. Dann, als es fertig geworden, hatte er doch einen
Schrecken. Busch fiel wieder einmal in Ungnade, wie schon oft
vorher. Während einer solchen Zwischenperiode der Ungnade
hatte, wie mir ein unbedingt zuverlässiger Freund und alter
Parlamentarier schreibt, Busch einmal der Firma Brockhaus
einige Bände Unterredungen mit Bismarck zum Verlag an=
geboten. Es waren das seine Stenogramme der nächtlichen
Auslassungen Bismarcks, die alle mit dessen Zustimmung
fixirt worden waren. Auf Veranlassung meines selbigen
Freundes ließ Brockhaus durch einen Herrn W. bei Bismarck
anfragen, ob derselbe etwas gegen die Publikation einzu=
wenden habe, was er anscheinend gleichgültig verneinte.

Die Sache kam aber anders. In Wirklichkeit gerieth Bismarck durch die Mittheilung in die äußerste Wuth. Das Ende vom Liede, lautet der Bericht, sei gewesen, daß Busch irgend etwas erhielt und das Manuskript von Brockhaus zurückzog. Mein Freund setzt hinzu: „Die Monologe Bismarcks liegen ohne Zweifel früher als das Meiste, was jetzt veröffentlicht wurde, und wahrscheinlich hat Busch, wenn er auch das Manuskript ausliefern mußte, sich eine Abschrift zurückbehalten. Wir können also noch Weiteres und vielleicht Interessanteres erwarten". — Ob dem so ist, bleibt dahingestellt. Busch hat in diese englischen drei Bände so viel Altes und Neues, Neben- und Hauptsächliches hineingepackt, daß er wohl seinen Vorrath aufgebraucht hat, um dieselben zu dem Geschäft mit dem Verleger anschwellen zu lassen. Dieser englische Verleger war übrigens um seine eigene Reputation so besorgt, daß er seine Vorsicht auch seinem Mitkontrahenten zu gute kommen ließ. In einigen dem Text des Verfassers vorausgeschickten Zeilen verwahrt der Verlag, Macmillan & Co., sich ausdrücklich dahin, es sei der deutsche Text von Dr. Busch's im Besitze des Verlags bleibendem Manuskript ins Englische übersetzt worden, immerhin mit Auslassung einiger als „deformatorisch, deformatory" oder sonstwie zur Veröffentlichung ungeeigneter Stellen. Dem Leser bleibt überlassen, wie er das im Webster'schen Wörterbuch nicht figurirende Wort übersetzen will. Es ist als etwas ungewöhnlich wohl gewählt, um den Gedanken des Verlegers nicht in allzuheftigen Widerspruch mit dem Charakter des Autors zu setzen. Derselbe hat eben die plumpe Aufrichtigkeit seiner Wiedergabe alles Gehörten so ausschließlich zur Richtschnur seiner Leistung gemacht, daß er auch ganz unumwunden das für ihn selbst Nachtheilige, sogar das ihn im komischen Lichte Darstellende reproduzirt. Ebenso wenig schont er, trotz aller Anbetung, seinen Helden. Aus den Dialogen zwischen ihm und Bucher werden wesentlich dem letzteren eine ganze Reihe von Aeußerungen nacherzählt, in denen Bismarck nicht nur als unzuverlässig, sondern geradezu als verlogen bezeichnet wird. Einen Tag rede er so und am folgenden erzähle er dasselbe wieder ganz anders, ja, man könne manchmal dies Verhalten nicht etwa nur als Schwäche charakterisiren, sondern es sei nur aus der förmlich auf Unwahrheit gerichteten Absicht zu erklären. Man kann sich, wenn man diese Crubitäten liest, nicht des Gedankens erwehren, daß Bismarck, und mit Recht, wenn er es erlebt hätte, über seinen Geschichtschreiber gerade so wüthend geworden wäre, wie ihm das so oft bei früheren Indiskretionen begegnet ist.

Es ist, beiläufig gesagt, schade, daß nicht auch Busch wieder einen Busch gefunden hat, der uns mit derselben Treue die hinter seinem Rücken über ihn von Bismarck gethanenen Aeußerungen hinterließ. Es wäre gewiß manches Pikante dabei herausgekommen. Immerhin muß man von einem durch langjährige Erfahrung über seinen Mitarbeiter belehrten Mann annehmen, daß er erwarten mußte, derselbe werde von den ihm zur Einsicht überlassenen Geheimnissen auch noch anderen als den ausdrücklich verabredeten Gebrauch machen; ja sogar über die Eigenart dieses Gebrauchs konnte er keinen Zweifel hegen. In seiner rührenden Offenheit erzählt uns Busch selbst, wie Bismarck ihm vorhält, daß er ein boshafter Mensch sein müsse, um mit Vorliebe alles Boshafte, was er ihm sage, unter die Leute zu bringen, auch wenn es offenbar beim Improvisiren gar nicht so ernst gemeint gewesen sein könnte. Ebenso wußte Bismarck aus vielfacher Gelegenheit, wie Busch dahinter her war, Stoff für seine flinke Feder zu erwischen. Bismarck hatte die Brauchbarkeit dieses Faktotums zu sehr gewürdigt, um sich ihn für immer zu versagen. Gleich, als er sich zum ersten Mal wegen bedenklicher Erfahrungen offiziell von ihm trennen mußte, traf er ein stilles Abkommen, den nützlichen und vielleicht gefährlichen Mann nicht aus der Hand zu lassen, sicherte sich seine Preßdienste für alle Zeiten. Dessen erinnert sich der treue Knecht auch immer wieder, wenn er fürchten muß, in Vergessenheit gerathen zu sein. Dann richtet er durch seinen Freund Bucher oder direkt seine Anfragen an den Kanzler: ob es nichts für ihn zu thun gebe? Meistens läßt der ihn dann auch kommen. Da heißt es nun zuweilen, es liege wirklich nichts vor. Aber der Betriebsame weiß doch die Unterhaltung so zu lenken, daß schließlich ein Geschäft herausspringt. Es läßt sich immer noch irgend ein Revier finden, in dem ein guter Schütze pirschen kann, und Bismarck ist bon prince. Andere Male wieder ruft er ihn von selbst, wenn es eine neue Jagdpartie gilt, in besonderen Konflikten mit dem Hof, mit Kollegen, mit Diplomaten. Dann ist natürlich der Jubel auf seinem Höhepunkt. Das liebe „Büschlein", wie er sich so gern nennen hört, ist wieder der alte Unentbehrliche und dankbarer Verehrung voller als je. Wer wollte auch daran zweifeln! Einmal schildert er dies in einem begeisterten Monolog, ein andermal in einer ausdrücklichen Anrede an den Fürsten: er sei stets bereit, für ihn den Bogen zu spannen und seine Pfeile abzuschießen, selbst gegen die Sonne, wenn es verlangt werde. Bismarck verzog dabei den Mund zum Lächeln, wie der Sänger selbst berichtet. Was er wohl im Stillen dabei gedacht haben mag!

V.

Der Herausgeber der „Gedanken und Erinnerungen" berichtet, daß der Vorsatz zur Abfassung derselben in der ersten Periode unmittelbar nach der Entlassung entstanden und wesentlich im Juli 1890 auf Anregung des Verlegers befestigt worden sei. Wahrscheinlich liegt jedoch der Plan noch weiter zurück. Bereits im Jahr 1888 beginnt eine Sichtung und Ordnung der Papiere mit Busch's Hilfe, und nach verschiedenen bei Erledigung der Arbeit gefallenen Bemerkungen zu urtheilen, schwebt dieser Gedanke schon vor. Zur Reife kam er nach dem Rücktritt. Doch schon vier Tage vorher sagte, wie Busch erzählt, Bismarck zu ihm, er müsse jetzt seine Memoiren schreiben, und Busch könne ihm dabei behilflich sein; bereits packe und versende er diese Papiere anderwärts hin; denn wenn sie noch dablieben, würden sie am Ende ihm genommen werden. Auch das immer stürmischer werdende Bedürfniß nach persönlicher Expektoration trug zur Förderung des Entschlusses bei. Busch berichtet, Dr. Schweninger habe die Beschäftigung mit den Denkwürdigkeiten als unentbehrlich für die Gesundheit seines hohen Patienten erklärt und darauf bestanden, daß er täglich ein paar Stunden zu diesem Zwecke diktire. Bismarck selbst äußerte wiederholt, daß ihm diese Erleichterung unentbehrlich sei. Bleichröder, der allem

Anschein nach in verschiedenen intimen Angelegenheiten sein Vertrauen besaß und sich gerne die Rolle eines väterlichen Mentors zulegte, besuchte ihn bald nach seiner Entlassung in Friedrichsruh und erzählte, von da zurückkehrend, er habe ihn gebeten, seiner Empörung nicht bei den Interviewern und in der Presse allzu heftigen Ausdruck zu geben. Darauf hätte ihm Bismarck geantwortet: das könne er nicht unterdrücken, es sei zu seiner Gesundheit nöthig.

Damit stimmt, was einer der frühsten Interviewer berichtet. Der Redakteur des Pariser „Petit Journal", derselbe Herr Judet, der jetzt zu den Hauptführern der Generalstabspresse gegen Dreyfus gehört, war schon Ende Mai zur Audienz in Friedrichsruh zugelassen und widmete seinem Referat über die fünfstündige Ergießung sechs Spalten, die er mit den Worten beginnt: „Fürst Bismarck ist wieder sehr mittheilsam geworden", und an einer anderen Stelle fügt er hinzu: „Dies ist für seine Gesundheit nothwendig." Der Bericht des „Petit Journal" ist inhaltreich und in seiner Art interessant. Ein künftiger Geschichtschreiber und Biograph Bismarck's wird auch dieses, wie so viele tausend andere Schriftstücke, zu Rathe ziehen müssen. Eine kolossale Aufgabe in der That: einmal alles zusammenzufassen, was dieser nimmer ruhende Geist an eigenen Aussagen und an Wiedergaben Anderer als Material zur Schilderung seiner Persönlichkeit aufgehäuft hat. — Im gegenwärtigen Augenblick bietet eine Stelle dieser französischen Unterhaltung ein besonderes Interesse. Sie lautet: „Ich war gegen die Annektirung des Theils von Schleswig, der 150 000 Dänen einschließt. Man hat mir sie aufgezwungen". Bismarck sagte auch zu Judet, er werde sich in den Reichstag wählen lassen und sich an den Sitzungen betheiligen, nicht etwa um seine Nachfolger zu „geniren" (Gott bewahre!), sondern nur um seine Ideen zu vertheidigen.

Judet war mir von einem in Paris wohnenden Deutschen empfohlen und machte mir seinen Besuch. Ehe er unternahm, um eine Audienz in Friedrichsruh zu bitten, frug er mich, ob ich glaube, daß er es wagen dürfe. Ganz gewiß, sagte ich ihm. Ich wußte, daß solche Sprachrohre dort höchst willkommen waren. Einige Zeit darauf richtete der bekannte Deutsch-Amerikaner Henry Villard dieselbe

Frage an mich. Ich antwortete ihm gleichfalls, er solle dreist hingehen, er werde willkommen sein, obgleich persönlich bis jetzt außer Beziehung. Er befolgte meinen Rath und berichtete mir sofort nach seiner Rückkehr. Nachdem auf seine Anfrage ihm eine freundliche Einladung nach Friedrichsruh sofort zugekommen, sei er bei seiner Ankunft zunächst auf sein Zimmer geführt worden. Aber kaum habe er seinen Rock abgelegt, um sich zu waschen, als sich schon ein starkes Gepolter auf der Treppe vernehmen ließ, und nach einem raschen Anklopfen der Fürst eingetreten sei, ihn bewillkommt und gebeten habe, nur unbehindert in seiner Reinigung fortzufahren, während alsbald eine lebhafte Unterhaltung über alle möglichen Dinge in Gang kam.

Immerhin muß man angesichts dieser durch die Entlassung verstärkten Disposition sich daran erinnern, wie nach Busch's ohne Zweifel treuen und mit wichtigen Dokumenten belegten Aufzeichnungen Alles schon, als Bismarck noch fest am Ruder saß, vorbereitet wurde.

Die in der zweiten Hälfte des dritten Bandes reproduzirten Aktenstücke, sowohl die 1888 als die 1890 und 1891 gesammelten, gehören zu dem Wichtigsten, was wir überhaupt an Enthüllungen erhalten haben.

Die ergiebigste Periode für Busch war die Mitte Oktober 1888 in Friedrichsruh beginnende, als Bismarck zum ersten Mal grundsätzlich daran ging, seine Papiere durch ihn sichten und ordnen zu lassen. Am 12. Oktober hatte er 308 Stücke einregistrirt und in acht großen Umschlägen eingepackt. Es waren Berichte, Denkschriften, Entwürfe, Telegramme und Briefe; sie beginnen mit dem Jahre 1848. Eine zweite Abtheilung, die mit dem Jahre 1852 beginnt, enthält unter anderem den Brief Friedrich Wilhelms IV. an den Kaiser Franz Josef zur Einführung Bismarck's. In den „Erinnerungen" ist er in seiner ganzen Ausdehnung wiedergegeben. Busch zitirt daraus nur folgende Stelle: „Es freut mich, daß Eure Majestät die Bekanntschaft eines Mannes machen werden, der hier von Vielen geehrt und von Anderen gehaßt wird wegen seiner ritterlichen Loyalität und seiner unversöhnlichen Opposition gegen jede Art von Revolution. Er ist mein Freund und loyaler Diener und kommt zu Eurer Majestät mit dem frischen und lebhaften

Ausdruck meiner Grundsätze, meiner Handlungsweise und meines Willens und, ich will hinzufügen, meiner Liebe zu Oesterreich." Am 17. Oktober erhielt Busch neues Futter, vor allem Briefe Kaiser Wilhelms. Bismarck wünschte sie zunächst nur chronologisch geordnet zu sehen, dabei fragte er ihn: wird es nicht zu viel für Sie werden? Busch antwortete emphatisch verneinend. Dann gab er ihm ein Packet mit der Bemerkung, es sei vom alten Bodelschwingh-Schwindelbod. Ein drittes Packet enthielt Briefe vom Kronprinzen Friedrich Wilhelm und von der Kronprinzessin aus der Villa Zivio. Bismarck wollte sie wieder in die Lade zurücklegen, aber Busch bittet ihn, sie ihn ebenfalls zu geben, worauf Bismarck lächelnd fragt: „Aber Büschlein, haben Sie nicht schon bereits genug?" Doch dieser: „Je mehr, desto besser". Er nimmt alles mit auf sein Zimmer und, bevor er ordnet, kann er der natürlichen Versuchung nicht widerstehen, auch zu lesen, z. B. einen längeren Brief der Kronprinzessin aus San Remo vom 22. November 1887, worin sie dem Kanzler Einzelheiten über die Krankheit ihres Gemahls und über die Aerzte mittheilt. Der Text des Briefes fehlt. Daneben befindet sich eine Mittheilung Bodelschwinghs, an deren Rand Bismarck notirt hatte: „Alter Heuchler".

Sehr ausführliche Abschriften nahm Busch auch über den Konflikt des Kronprinzen mit seinem Vater und Bismarck wegen der Preßordonnanzen. Der Fall ist hier ausführlicher behandelt als in Bismarcks „Erinnerungen" selbst; namentlich kommt der Kronprinz ausführlicher zum Wort, und nicht zu seinem Schaden. So findet sich ein Brief des Kronprinzen an Bismarck aus Stettin, vom 30. Juni 1863, der in den „Erinnerungen" nur ganz kurz, dem Inhalte nach zusammengezogen (Band I, S. 319), erwähnt ist. Busch gibt uns den vollen Text. Im Eingange sagt der Kronprinz, „er bedauere, daß ein Protest, den er, de dato Graudenz den 8. Juni, Bismarck ersucht habe dem Staatsministerium mitzutheilen, von ihm zurückgehalten worden sei, da ihm wohl nicht gepaßt hätte, daß derselbe größere Verbreitung fände. Er könne nicht, wie Bismarck verlange, dem Ministerium seine Aufgaben erleichtern, denn er befinde sich prinzipiell im Widerspruch mit demselben; seine Prinzipien und die, welche nach seiner Meinung jeder Regierung zum Leitstern dienen sollten, wären die einer loyalen Verwaltung und Auslegung der Verfassung, Achtung und guter Wille für ein Volk, das leicht zu führen, intelligent und befähigt sei; er könne die Politik, welche in den Preßordonnanzen enthalten sei, nicht mit diesen seinen Prinzipien ins Einvernehmen setzen. Allerdings suche Bismarck ihm den verfassungstreuen Charakter jenes Reskripts nachzuweisen und versichere ihn, daß er und seine Kollegen sich ihres Eides wohl erinnerten; er denke aber, daß die Regierung eines stärkeren Fundaments bedürfe, als die höchst zweifelhafte Auslegung, welche sich nicht an den gesunden Menschenverstand des Volkes wende. Er — Bismarck — berufe sich auf den Umstand, daß auch seine Gegner die Ehrlichkeit seiner Ueberzeugung respektirten; er wolle die Richtigkeit dieser Behauptung nicht näher untersuchen, wozu Bismarck am Rande bemerkt: „Nicht gar zu höflich." Wie wolle das Ministerium die öffentliche Meinung auf seine Seite bringen, wenn das Land in seinem Verfahren keine loyale Behandlung der Verfassung erblicke! Es fände kein anderes Mittel, als ihm Stillschweigen aufzuerlegen. Und welchen Erfolg könne man davon erwarten? Er wolle ihm seine Meinung darüber sagen: er werde so lange an der Verfassung herumdeuten, bis sie jeden Werth in den Augen des Volkes verliere, bis es zuletzt zu einem offenen Bruch mit der Verfassung komme. Dazu bemerkt Bismarck am Rande: „Vielleicht!" Er betrachte die, welche seinen Vater zu solchem Vorgehen verleiten, als höchst gefährliche Rathgeber für die Krone und das Land, wozu Bismarck bemerkt: „Leicht fertig ist die Jugend mit dem Wort." Unter diesen Umständen habe er begehrt, von allen Sitzungen des Ministeriums frei zu bleiben; eine fortgesetzte öffentliche und persönliche Manifestirung der Gegensätze zwischen ihm und dem Ministerium würde weder seiner Stellung noch seiner Neigung entsprechen — wozu Bismarck bemerkt: „Absalom!" Schließlich behält er sich vor, wenn die Dinge so weiter gehen, von neuem vor die Oeffentlichkeit zu treten, wenn seine Pflicht es ihm geböte, wobei Bismarck an den Rand setzt: „Nur zu!"

Von Putbus aus schickte der Kronprinz eine ausführliche Denkschrift an seinen Vater zur Beleuchtung seines Verhaltens, die König Wilhelm dem Ministerium mittheilt. Die Denkschrift findet sich weder in den „Erinnerungen" noch bei Busch), aber in beiden ist ein Aktenstück bruchstückweise wiedergegeben, in welchem Bismarck Punkt für Punkt die dreizehn Seiten derselben widerlegt. Die Auszüge Busch's sind jedoch viel vollständiger als die Bismarck's, und man muß zugeben, daß vom staatsrechtlichen Standpunkt aus die Einmischung des Thronerben in die Regierungsangelegenheiten des Herrschers und dessen Beziehungen zu seinem Ministerium meisterlich widerlegt ist, wenn auch in der Sache selbst der redlichen Auffassung des Kronprinzen und seinem offenen Auftreten alle Anerkennung gezollt werden muß. Natürlich sucht Bismarck in seinen „Erinnerungen" hinter dem ganzen Verhalten nur englischen Einfluß, die Königin Augusta, die Kronprinzessin und alle ihre Rathgeber.

Da in jüngster Zeit die Gesinnungsweise des Herzogs Ernst von Coburg gelegentlich der Krisis von 1866 vielfach in der Presse erörtert worden ist, ist es interessant, einen Brief Bismarck's an den König vom 3. April 1866 zu lesen, in welchem jener sehr schlecht wegkommt. Bismarck räth, nicht zu antworten und schreibt: „Eure Majestät haben mir befohlen, mich darüber auszusprechen, ob der hierbei zurückgehende Brief des Herzogs von Coburg beantwortet werden soll. Ich nehme mir die Freiheit, die Thatsache in Erinnerung zu bringen, daß der Herzog von Coburg in den letzten vier Jahren an allen Intriguen gegen Eure Majestät in der inneren und auswärtigen Politik betheiligt war. Er hat reichlich dazu beigetragen, daß mittelst seines Geldes und Einflusses möglichst viel demokratische Abgeordnete gewählt wurden; er hat sich mit Gesellschaften zu Volksbewaffnungen in Verbindung gesetzt und eine solche Stellung gegen die Monarchie genommen, daß Eure Majestät ihm einen langen Brief darüber schrieben und einen Besuch von ihm ablehnten, weil er einen schlechten Eindruck auf die Armee machen würde. Der Herzog mit seinen Gehilfen Samwer und Francke ist der Leiter der preußenfeindlichen Augustenburgbewegung, und ohne sein Eingreifen hätte der

Kronprinz Vernunft angenommen. Ich glaube, nicht zu weit zu gehen, wenn ich Seine Hoheit als einen der unversöhnlichsten Gegner von Eurer Majestät Politik bezeichne und feststelle, daß keine Hingebung an Eurer Majestät Ehre und Interesse von ihm erwartet werden kann." Daran anschließend schreibt der König unter dem 8. April und beschwert sich, daß zwei Artikel der „Kreuzzeitung" ihm durch einen Unbekannten zugekommen seien (da er seit 1861 dies Blatt nicht mehr in die Hand genommen habe), worin mißbräuchlich ein Artikel gegen den Herzog von Coburg veröffentlicht sei. Da die darin erwähnten Briefe des Herzogs an ihn nur der Königin und dem Kronprinzen zur Kenntniß gekommen seien, so sei es ihm höchst unangenehm, daß die Quelle des Artikels dadurch verrathen werde. Obwohl Bismarck ihn immer versichert habe, daß die Regierung keinen Einfluß auf die „Kreuzzeitung" habe, so scheine doch hieraus das Gegentheil hervorzugehen. Solche Zeitungsartikel müßten den Herzog nur noch feindseliger stimmen; vom politischen Standpunkt aus sei dies nicht richtig, und er bitte Bismarck, dies ungeeignete Verfahren der „Kreuzzeitung" gegen den Herzog in Zukunft einzustellen." In der Antwort bittet Bismarck den König um Verzeihung; er giebt zu, daß der Artikel auf sein Betreiben geschrieben worden sei. Er habe zwar keinen Einfluß auf die „Kreuzzeitung", insofern sie in gewissen Dingen anderer Meinung sei als er, aber doch noch genug, um das in ihr anzubringen, was ihren Tendenzen nicht direkt widerspreche. Zum Schluß des Briefes bittet Bismarck nochmals um Verzeihung, wenn er im heiligen Eifer für seinen König, weder rechts noch links blickend, in diesem Kampfe die ruhige Haltung verloren habe, die er sonst zu bewahren bestrebt sei.

Von dem hier zusammengeführten Material sei zum Schluß nur noch die Stelle aus einem Brief Bismarck's an den König vom 2. Mai 1866 erwähnt, in welcher derselbe, um zum Bruch mit Oesterreich zu drängen, sogar die von der Börse unterstützte öffentliche Meinung mit den Worten anruft, daß die Handelswelt, einschließlich der sie vertretenden Körperschaften, die Unthätigkeit des Königlichen Hauses angesichts der überlegenen Rüstungen

Oesterreichs als unbegreiflich und im höchsten Grade beunruhigend und schädlich für das Land ansehe.

Die Briefmassen, welche Busch damals und später theils in Berlin vor und bei der Entlassung, theils in Friedrichsruh zur Sichtung ausgeliefert wurden, sollten zunächst nur den Weg bahnen für die eigne Arbeit Bismarcks. Allerdings mochte keiner dazu besser geeignet sein als Busch. Selbst Bucher nicht. Beide waren schon bejahrt, aber Bucher viel mehr verbraucht, leidend und verstimmter als der siebenzigjährige Busch, dessen Ergebenheit allen Unwettern trotzte. Da sind Briefe Kaiser Wilhelms I., Kaiser Friedrichs, Kaiser Alexanders von Rußland, Andrassy's, über die intimsten Angelegenheiten, über die Krankheit des damaligen Kronprinzen, über das Verhalten des Kaisers zu seinem Sohn, über die Verträge mit Oesterreich, über die Stellung zu Rußland, zu Italien, über das Verhältniß zu Wilhelm II. Es wäre mehr als menschlich gewesen, wenn Busch sich versagt hätte, auch für den eigenen Gebrauch sich Auszüge und Abschriften zu machen. Er hatte eine große Gewandtheit und Ausdauer für solche Arbeiten, wie er auch auf anderen Gebieten keineswegs ein unbedeutender Schriftsteller war. Bismarck, der nur an seine sichtende Thätigkeit dachte, war schon erstaunt über das, was er in kurzer Zeit zu Stande brachte. Welch ein stetiger Fleiß und welche Selbstdiszipliniruug gehört nur dazu, zwanzig Jahre lang alles sofort zu Papier zu bringen! Busch hatte anfänglich Theologie studirt, woran noch allerlei Citate aus der heiligen Schrift erinnern. Dann war er in den Dresdener Aufstand verwickelt worden und nach Amerika gegangen. Daran reiht sich später eine Fahrt nach dem Orient. Daraus gingen mehrfache, auf guter Beobachtung beruhende Reisewerke hervor. Nach Deutschland zurückgekehrt, kam er an die „Grenzboten", von da an ein Blatt in Hannover. Obwohl Sachse, war er 1866 gut preußisch gesinnt und von Anfang an ein begeisterter Verehrer Bismarck's. Für die freundliche Behandlung im fürstlichen Hause empfand er stets eine gerührte Dankbarkeit. Er schildert öfter, wie er mit den Kindern Rantzau spielen durfte, und einmal, daß beim Abschied die Mutter derselben ihm einen porzellanenen Federhalter zum Andenken geschenkt, auf Deutsch hätte es wohl geheißen: „aus echtem Porzellan".

In dieselbe Kategorie wie diese Briefernte gehört auch der vollständige Text des Entlassungsgesuchs vom 18. März 1890. Der Text desselben wurde Busch im Frühjahr 1891 bei seinem Aufenthalt in Friedrichsruh anvertraut. Nachdem ihm Bismarck eine Anzahl metallographirter Aktenstücke aus dem Jahre 1885 ausgehändigt hatte, welche Busch abschreiben zu wollen zusagte, obwohl Bismarck meinte, das erfordere zu viel Zeit, gab er ihm noch sein Abschiedsgesuch und die Niederschrift der ihn dazu bestimmt habenden Motive. „Das können Sie durchlesen." In Klammer fügt Busch hinzu: „Und wie ich kühnlich annehme, mit der stillschweigenden Erlaubniß, eine Abschrift davon mit fortzunehmen, gegenwärtig nur zu meiner eigenen Information". Er ging sofort auf seine Stube und begann damit, das Entlassungsgesuch abzuschreiben, sowie die Antwort, welche Bismarck auf des Kaisers Annahme der Entlassung geschrieben hatte. Letzteres Aktenstück, wie Busch selbst hinzufügt, war ihm nur durch eine Verwechselung in die Hand gekommen, Bismarck hatte gemeint, ihm ein den Sohn Herbert betreffendes Schreiben ausgeliefert zu haben. Es ward immerhin mitkopirt. Das Entlassungsgesuch wurde von Busch bekanntlich an den „Berliner Lokalanzeiger" überlassen. Es erschien unmittelbar nach Bismarcks letztem Athemzug am Sonntag den 31. Juli 1898 in derselben schwarz geränderten Nummer, welche die Todesnachricht brachte. Am Sonnabend, eine Stunde vor Mitternacht, war Bismarck verschieden. Am Sonntag mit der frühesten Morgenstunde brachte das Blatt schon einen feierlichen Nachruf und auf demselben Bogen das Entlassungsgesuch mit einer sehr ausführlichen Einleitung von Busch. So ausgezeichnet war Alles vorbereitet. Bis auf die Angabe der letzten Minuten muß Alles schon vorher fertiggestellt gewesen sein. In dem Aktenstück selbst waren nur einige Namen ungenannt gelassen, welche sich auf den sogenannten Rückversicherungsvertrag mit Rußland bezogen. In dem englischen Werke sind dieselben voll ausgeschrieben, obwohl sie in der ebenfalls sofort veröffentlichten Broschüre „Bismarck und sein Wert"*

*) Leipzig bei Hirzel.

anscheinend aus Rücksichten des öffentlichen Wohls ausgelassen sind.

In der Einleitung zu der erwähnten Broschüre sagt Busch, daß er in einem Gespräch mit Bismarck am 21. März 1891 diesem seine Absicht bestätigt habe, bald nach seinem Tode, im Eildienste der historischen Wahrheit, sein Material über ihn der Oeffentlichkeit zu übergeben, wozu der Fürst geschwiegen habe. Das Entlassungsgesuch ist ein historisch in hohem Grade wichtiges Dokument. Mit der Veröffentlichung ist der Geschichtschreibung und Bismarck selbst ein erheblicher Dienst geleistet worden. Wenn man diese Auseinandersetzung liest, kann man sich der Betrachtung nicht erwehren, daß man Bismarcks Stellung zu vielen wichtigen Dingen seit Jahren für verfehlt halten, seinen Sturz überhaupt als unvermeidlich und für Deutschland heilsam ansehen kann, daß er aber hier nicht an den Punkten scheiterte, wo er fehlging, sondern wo er Recht hatte. Dies gilt namentlich von seiner Vertheidigung der Kabinetsordre von 1852 und seiner Opposition gegen den zu weit gespannten Rahmen der Arbeiterpolitik. Die kurz gefaßte Anspielung auf das, was sich später als die russische Rückversicherungsallianz entpuppt hat, läßt sich nicht nebenhin besprechen. Keine Frage, daß der Sache richtige Erwägungen und patriotische Motive zu Grunde lagen, wenn auch in ihrer Behandlung und namentlich in ihrer rücksichtslosen, nur aus persönlichen Gründen zu erklärenden späteren Enthüllung Bedenklichkeiten in Fülle gegeben sind. Aber nachdem Bismarck selbst zwei Jahre vor seinem Tode der Welt dies Schauspiel gegeben und Deutschland diese Verlegenheit bereitet hatte, brauchte sein Herold sich keinen Zwang wegen der Publikation aufzuerlegen. Seit langen, langen Jahren hatte derselbe sich mit der ihm eigenen Betriebsamkeit darauf eingerichtet, das Feld, welches ihm vom Verleger Grunow eingeräumt war, nach allen Regeln der Kunst zu befruchten und auszubeuten. Seit 1870 hatte er sich seinen Lebensberuf daraus gemacht; seine Begeisterung kannte keine Grenzen, auch nicht der Offenherzigkeit. Alles ward Material, Alles ward ausgeschlachtet, Eigenes wie Fremdes. Und gab Bismarck's mit der Zeit immer von Neuem wiederkehrendes und wachsendes Invertrauenzlehen nicht den stillschweigenden Freibrief? Bereits ganze fünfzehn Jahre vor dem Ende spielte sich im Jahre 1883 in Friedrichsruh eine Scene ab, die uns Busch getreulich schildert und die er als ausreichenden Einwand dagegen vorbringen könnte, daß er Bismarck's Vertrauen mißbraucht hätte. Dieser wußte ganz genau, woran er mit ihm war. Damals im Jahre 1883 war die Herausgabe der beiden Bände „Unser Reichskanzler" im Gange. Wie schon bemerkt, hatte sich Bismarck die Durchsicht und Zensur dieser Apotheose vorbehalten. Er hatte es aber natürlich nicht so eilig wie Autor und Verleger. Die Ermächtigung zur Herausgabe ließ lange auf sich warten. Da erdreistete sich Grunow, direkt an den Kanzler zu schreiben und zu drohen, daß man mit der Sache vorwärts gehen werde. Natürlich darüber großer Unwille. Bucher berichtet seinem treuen Busch und zitirt ihn schleunigst vor die Schranken des Strafgerichts. Das geschah am 8. November 1883. Am 12. erscheint der Delinquent. Nachdem man ihn freundlichst zum Familienfrühstück zugelassen, nimmt ihn Bismarck in sein Kabinet zum Verhör. Zuerst ging's natürlich über Grunow her. Dann kommt der Hauptschuldige selbst an die Reihe. Nach einleitenden Bemerkungen wird ihm da vorgehalten: Dies Buch ist nicht so gut wie das vorhergegangene (Bismarck und seine Leute). Es enthält nicht viel Neues, und was es davon bringt, ist falsch. Sie sind nicht mehr ein so guter Beobachter, wie Sie es ehedem waren; Sie sind älter geworden und haben das Bedürfniß, meinen inneren Menschen aus fragmentarischen Beobachtungen zu entziffern, welche zu gänzlich verfehlter Auffassung führen. Sie ziehen Schlüsse aus gelegentlichen Aeußerungen, die Sie unter dem Tischtuch auf's Papier werfen. Wenn man Ihnen glaubte, so wäre mir's immer blutiger Ernst, und ich machte auf Eidesgelöbniß Aussage. Der Zerknirschte widersprach nicht, und allmählich trat Beruhigung ein. Man ging an die Arbeit, und es war, genau besehen, nicht so sehr viel auszumerzen, wie auf den ersten Schreck geschienen hatte. Immerhin sagte kurz darauf Bismarck noch einmal zu Busch, seine Frau habe zu ihm geäußert: „Der Doktor mag noch so geschickt und liebenswürdig sein, aber immerhin solltest du bei Tische auf der Hut sein, wenn er dabei ist. Er sitzt immer mit gespannten Ohren da, schreibt Alles auf und verbreitet es dann weit umher". Unmittelbar darauf fand Busch Gelegenheit, zu bitten, der hohe Gönner möge zu keiner Zeit dieses vor ihm stehende kleine Kerlchen vergessen, wenn irgend etwas in der Presse zu verrichten sei, er werde immer zur Verfügung stehen. Sehr gut! — lautete die Antwort und wurde mit Handschütteln besiegelt. Das brauchbare Kerlchen könne im entsprechenden Falle wiederkommen und die Papiere ordnen. „Mit vielsagendem Lächeln" setzt der Schreibende in Klammer dazu: „Hier liegt noch schönes Material."

Das Alles trug sich zu, während Bismarck noch im Amte war. Wie wäre es denkbar, daß ein Mann von seinem Scharfblick acht Jahre später, als er die interessantesten Dokumente demselben Busch anvertraute, auf größere Geheimhaltung gerechnet hätte, zu einer Zeit, wo er sich, wie die Erfahrung zeigte, im Punkte seines Verantwortlichkeitsgefühls für soviel weniger beschränkt hielt! Wußte er doch ganz genau, daß seit länger als einem Jahrzehnt der treue Hilfsarbeiter seine ganze Thätigkeit darauf gerichtet hatte, das Glück seiner Stellung zur Grundlage seiner schriftstellerischen Existenz zu machen. Unablässig folgte eine Publikation der anderen. In unerschöpflichen Variationen, bald als Buch, bald als Zeitungskorrespondenz in deutschen und fremden Blättern, bald als Beiträge zu den „Grenzboten" wird derselbe Stoff immer von Neuem verarbeitet, sodaß sich auch ein großer Theil des Nacheinanderfolgenden überall wiederholt, zuerst im Buch aus der Kriegszeit, dann in dem „Unser Reichskanzler", dann in der Broschüre von 1898 und schließlich wieder in den starken englischen drei Bänden. Und mit welcher Promptheit waren diese drei Bände auf dem Markt! Daraus erklären sich wohl auch gewisse Versehen in dem Namensregister und in der Namensorthographie, wie z. B. daß ein so bekannter Name wie Gramont immer Grammont buchstabirt ist. Natürlich mußte der deutsche Text längst ins Englische übertragen, gesetzt und gedruckt sein, nur die Todesglocke abwartend. Denn es galt vor Allem, auch jeder Konkurrenz den Weg abzulaufen. War man doch eingeweiht, daß Bismarck's eigenes Produkt längst bei der Cotta'schen Verlagshandlung bereit lag und wenn schon das englische Werk pikanter ausfiel als das deutsche, so mußte das letztere von wegen der Person des Urhebers die Kauflustigen viel eher reizen. Der Eigenthümer der Cotta'schen Handlung, Herr Kröner, hat nachträglich selbst durch die Zeitung bekannt machen lassen, wie er seinerseits gegen Busch's Wettbewerb durch ein Abkommen mit diesem seine Vorsichtsmaßregeln genommen hatte. Seinerseits erzählt Busch im englischen Werk, wie er im Jahre 1891 mit Kröner in Verbindung getreten war, um auf dessen Vorschlag eine Biographie zu schreiben, wie aber ihm doch zu Bewußtsein kam, daß er sich für seine besondere Publikation die Hände binden würde, und wie schließlich er diese Verbindung wieder fallen ließ. Man mag über die Art und Weise, wie der kundige Schriftsteller dieses Goldbergwerk in Betrieb nahm und mit der Zeit dazu kam, immer und immer wieder das von ihm aufgehäufte Material bis auf seine letzten Bodensätze auszuschlemmen, urtheilen, wie man will, eine Art bona fides ist dabei garnicht zu beanstanden. Dieser Betrieb war eine in jeder Weise lohnende Existenzquelle geworden, und in der Begeisterung für dies dankbare Geschäft, wie für seinen ihn durch seine Intimität bezaubernden Helden, den er einmal als seinen Messias apostrophirt, fiel jede andere Unterscheidung bei Seite.

VI.

Unter der schalkhaften Ueberschrift: „Der Verfall des Lügens" (the decay of lying) schrieb vor etwa zehn Jahren ein inzwischen traurig zu Fall gekommener Engländer einen Essay, in dem er Klage darüber führte, daß die heutige Welt dem schönen Schein der Dinge sich immer mehr abwende und der unerfreulichen trockenen Wirklichkeit huldige. Richtiger gefaßt, hätte es wohl heißen müssen, daß das Schöne im Selbstbetrug immer mehr schwinde, und daß ihm das Häßliche vorgezogen werde. Denn, ob schön oder unschön, die Wahrheit hat bei dem Tausch schwerlich etwas gewonnen. Auch die ernste Geschichtschreibung ist eindringlicher und damit kritischer und nüchterner geworden, als sie zur Zeit der alten epischen Erzähler war; aber je schärfer wir sehen lernen, desto mehr beschleicht uns der Zweifel:

wo ist Wahrheit? „Die Weltgeschichte ist das Weltgericht." Das klingt melodisch und erhebend. Aber es sagt doch eigentlich, daß es kein Weltgericht giebt, und wenn es eines gäbe, wäre es wohl ebenso wenig unfehlbar, wie alle bekannten Gerichte. Wo überhaupt sind die Tafeln der Weltgeschichte zu finden? Vorher heißt es im selben Poem: „Wer glauben kann, entbehre" und nachher: „Dein Glaube war dein zugewogenes Glück"; und das Ganze ist überschrieben: „Resignation". Vor dem Geständnisse, daß, von der Parteien Haß und Gunst verwirrt, ein Charakterbild in der Geschichte schwankt, flüchtet sich der Durst nach Wahrheit in den Trost, daß spätere Geschlechter und Enthüllungen zum freien Urtheil kommen werden. Ein Trost, der leichter gespendet als bewiesen ist; denn woraus sollen die Späteren schöpfen, als aus dem, was die Früheren hinterlassen haben? Derselbe Zeitenlauf, der die Leidenschaften abkühlt, entrückt den Gegenstand der Forschung auch dem genauen Blick der Nähe.

Der Moment, in dem die Kunde vom Tode eines großen Mannes durch die Welt geht, führt die Geister mehr als irgend ein anderer auf den einen Punkt zusammen, wo sie sich zum Nachdenken und zur Aussprache über ihn begegnen. Aber er ist deßhalb noch nicht dazu angethan, den Wahrspruch über sein Verdienst und seinen Werth festzulegen. Das Erschütternde wirkt zu sehr mit, und das Schmerzliche, welches den Menschen ergreift beim Innewerden des Vergänglichen, auch dessen, was so mächtig war. Manzoni's berühmtes Ei fui „Er war" auf den am 5. Mai in St. Helena Erloschenen ist die großartige Klage, aber nicht das Urtheil der Geschichte über den Helden des imperialen Märchentraumes, übrigens mehr der Ausbruch einer Dichterseele als das Echo einer Volksstimmung. Die Anfangs Juli nach Europa gekommene Nachricht von Napoleons Tode hatte keinen allgewaltigen Widerhall.*) Zweimal hat Bismarck's Schicksal die Mitwelt durch solche Kunde erschüttert, bei seinem Sturze und bei seinem Tode. Auch Napoleons Fall hatte und sogar wiederholt den tragischen Moment entfesselt; aber sowohl der Abschied von Fontainebleau

---

*) S. Alfr. Stern: Geschichte Europas seit 1815, Bd. II S. 181.

als die Flucht nach Waterloo kam nicht so unvorbereitet zum Ausbruch), wie Bismarck's Entlassung in den Märztagen des Jahres 1890. Und obwohl sein Tod weit weniger in die Zeitgeschichte eingriff als sein Sturz, hat er doch erschütternder gewirkt. Das Unabänderliche und die Rückschau auf das Ganze stimmten feierlicher.

Und nochmals hat sich jetzt, gleichwie ein historisches Ereigniß, das Erscheinen des nachgelassenen Werkes sensationell der Mitwelt bemächtigt, in anderer Weise, wie das in verwandten Fällen geschah. Das Mémorial de St. Hélène von Las Cases erschien mit seinem ersten Bande nicht vor dem Jahre 1822*), und die von Montholon und Gourgaud nach Napoleon's Diktat verfaßten Memoiren kamen erst 1823 heraus. Es war nicht ein gleichsam am Grabe versammeltes Gefolge, das ihnen lauschte. So aber war es, als bald nach Bismarck's Hingang sein mit Ungebuld erwartetes letztes Wort laut wurde, seine Stimme wie zum umfassenden Epilog auf ihn selbst sich erhob. Dies erweckte das Bedürfniß, die Wirkung des Moments auf der Stelle festzuhalten. Er bildet sozusagen die Brücke, auf welcher das allgemeine Urtheil von der Mit- zur Nachwelt hinübergeht. Bei der Nachricht vom Tode Wallenstein's meinte Richelieu, der Mensch trete im Widerklang des Rufs seiner letzten Lebensjahre in die Geschichte ein. Der Ausspruch findet einige Unterstützung in der Thatsache, daß auch die physische Erscheinung großer Männer nicht selten sich vorzugsweise in deren Abbildern aus ihren späteren Jahren fortpflanzt. Friedrich der Große, Voltaire, Goethe stehen uns nach ihren Porträts aus ihren letzten Jahren vor Augen. Ist doch auch Bismarck, der Greis, vor dem Titelblatt dieser „Erinnerungen" in seinen von Lenbach's Pinsel so typisch erfaßten Zügen verewigt. Aber das Buch selbst ruft uns zurück bis zu früheren Zeiten, zu den ersten Anfängen, zu dem ganzen, auf- und niedersteigenden und vor Allem zu dem im Zenith stehenden Lebenslauf und dient damit der ausgleichenden Gerechtigkeit nach allen Seiten hin für die unbefangene Prüfung. Je mehr sich Einer auf diese Prüfung bereits bei Bis-

---

*) Der achte und letzte Band erst 1824.

marck's Lebzeiten durch aufmerksame und vorurtheilsfreie Beschäftigung mit dessen Denken und Thun vorbereitet hatte, desto mehr wird er Licht- und Schattenseiten in Allem, was aus diesem nachgelassenen Werke spricht, bestätigt finden. Und dazu hat auch der mittheilsame Kommentar seines unverschwiegenen Geheimschreibers einen namhaften und übereinstimmenden Beitrag geliefert. Es ist immerhin belehrend, auch die Rückseite des Stramins zu sehen, auf dem die Fäden ungeglättet ineinander laufen.

In den Tagen seiner Macht ist von Solchen, die ihm prinzipiell ablehnend gegenüberstanden, nicht selten bestritten worden, daß er den historischen Namen eines Großen Mannes verdiene. Sie stützten sich auf die Behauptung, daß ihm das Vollmaß moralischer Größe abgehe. Käme es darauf an, so würde der Inhalt dieser nachgelassenen Blätter an diesem Verdikt nichts ändern. Man kann nicht sagen, daß er, gerade unter diesem Gesichtspunkt betrachtet, imposanter daraus hervorgehe als zu Lebzeiten. Aber der consensus gentium, welcher allein den historischen Größentitel verleiht, läßt sich weder von persönlichen Machtsprüchen noch von peinlichen Sittenrichtern etwas vorschreiben. Und dieser Konsens steht längst so fest, daß es sich geradezu komisch machen würde, wollte man sich erst noch anstrengen, um die zu widerlegen, welche dem Gründer des Deutschen Reichs den Weltruf eines großen Staatsmannes und damit eines großen Mannes im schwierigsten der menschlichen Berufszweige absprechen wollen. In früheren Jahren verwahrte sich einmal Bismarck in einer Reichstagsrede selbst dagegen, daß man ihn, wie ein Redner eben gethan hatte, „genial" nenne. Er wollte dahinter eine etwas zweideutige Uebertreibung sehen. Der brummige Grillparzer pflegte zu sagen: „Wer mich ein Genie nennt, dem schlag ich eins hinter die Ohren."

Aber die Gestalt der heutigen Welt, nicht bloß der deutschen, trägt die Spuren von Bismarck's Schaffen in so tiefen Zügen eingegraben, daß kein Anderer für ihn zu sprechen braucht. Was an diesen zwei Bänden so anziehend wirkt, ist gerade, daß sie eine besondere Art der Einsicht gewähren in die Werkstätte dieser Geistesarbeit und aus dem Reiche der Gedanken heraus die Leistung durch Thaten erklären. Die Blätter, die uns am meisten fesseln, sind die, in welchen sich ausweist, mit welcher weit umspannenden Kombinationskraft, welcher freien und gewaltigen Energie die Zustände, die Menschen, die wechselseitigen Verhältnisse der gesammten europäischen Völkerfamilien, ihre Vergangenheit und ihre Zukunft zusammengefaßt und deren Ergebnisse zu Thaten verdichtet wurden. Das Bewundernswerthe in dem Bismarck seiner großen Zeit bleibt neben der selbstbewußten, stolzen Energie immer die Schärfe und Fülle der Geisteskraft. Ihre Spuren sind gerade in seinem Nachlaß so anschaulich zusammengedrängt, daß sie neu verherrlicht daraus hervorgehen. Der Mann und seine Sprache bestätigen sich hier gegenseitig. Wer immer am Sieg der Geisteskraft in der Menschheit sein Wohlgefallen hat, sagt sich hier: durch sie ist er geworden, was er war. Die bestehende Welt der vorhandenen Thatsachen mit ihrem oft stupiden Beharrungsvermögen wurde durch ihn in vorbedachter Weise vermittelst der Intelligenz umgestaltet. Kein angeborenes Vorrecht, kein ererbter Besitz von äußeren Machtmitteln verhalf ihm zu seinem Emporkommen. Er schlug keine Schlachten mit eigener Hand, sondern beseelte die Kriegsführung zu seinen Zwecken. Zwar erleichterte ihm seine Geburt den Eintritt in den höfischen Kreis, der ihm zu den ersten Schritten auf der Zukunftsbahn verhalf. Aber darüber hinaus ist Alles das Resultat seiner einzigen Begabung — und privilegirte Geburt oder Stellung hat ihm nie imponirt. Hätte er nicht das Zeug zur höchsten Entfaltung der Geisteskraft in seinem Kopf gehabt, er würde nimmer aus dem Bann des Kleinadels herausgeschritten, nie der geworden sein, der er ward. Es ist wahr, daß er ein Junker war, es stets mehr oder minder blieb und gegen das Ende seiner Tage wieder so sehr, als je vorher es geworden ist. Aber in seiner besten Zeit war er es am wenigsten, wobei nicht zu leugnen ist, daß die Wurzeln seiner Kraft auch dem harten Boden dieser spröden Kaste einen Theil ihrer Anlagen entnommen hatten. Immerhin ward er schöpferisch, obgleich und nicht, weil er ein Junker war. Sein Vorrecht war Geistesgnadenthum. Es gibt ein Stück Geschichte, welches die Späteren nicht aus dem Schrein der Archive herausholen können. Nur die Mitlebenden, die mit eigenen Sinnen wahrgenommen haben, können es beschreiben. Man muß dabei gewesen sein, um bezeugen zu können, welche Herrschaft dieser Mann auf seinem Höhepunkt über die gesammte Mitwelt ausgeübt hat. Es gab eine Zeit, in der man in Deutschland nicht zu sagen wagte, wie weit sein Wille reiche. Alles, was ihm widerstehen wollte, schien von vornherein zur Ohnmacht verdammt. Damals hieß es aller Orten im Reich: „Er setzt es doch durch", selbst wenn er auf etwas allgemein Mißfälliges zusteuerte, sodaß manchem schon von vornherein der Gedanke des Widerstandes entglitt. Zur Illustration des Zustandes diente der friesische Bauer auf seiner Scholle, welcher rief: „Hier het Bismarck nix to seggen".

Dabei hielt er sich von Zeit zu Zeit persönlich unnahbar, in undurchdringlicher Zurückgezogenheit schwer zu enträthseln. Den Diplomaten fremder Mächte versagte er gewisse Perioden hindurch jede persönliche Berührung. Trat er einmal selbst heraus, so wirkte er auch äußerlich faszinirend. Es war beispielsweise ein merkwürdiges Schauspiel, wenn er im Reichstag erschien. Schon von ferne vor dem Gebäude fiel dem Annähernden die veränderte Physiognomie der Straße auf. Stärkere Massen als sonst standen oder gingen in sichtbarer Spannung auf und ab. Dem Eintretenden rief der Pförtner auf der Stelle zu: „Der Kanzler ist da." Im Vorsaal, wo sonst die große Zahl der Plaudernden und Gleichgültigen schwatzend und rauchend hin und her wandelten — Alles ausgestorben. Man hätte es den mit den Gebräuchen Vertrauten gar nicht zu sagen brauchen; die stillen Räume verkündeten laut: der Kanzler ist drinnen im Saal. Auf den Tribünen die Zuschauer auf den hintereinander emporsteigenden Bänken übereinander vorgelehnt, um einen Ausblick auf ihn zu erhaschen. Und ähnlich verhielt es sich mit der Wirkung in die Ferne. Auswärtige Regierungen und ihre Organe empfanden Beunruhigung, sobald er sich mit ihnen zu befassen schien. Einer meiner Freunde, der als deutscher Konsul an mehreren großen Handelsplätzen fungirte, erzählte mir, wie er in Konfliktsfällen mit den Behörden seines Reviers als letztes Hilfsmittel immer zu der Wendung Zuflucht nahm, er werde an seine Regierung berichten. Und auf die Frage: an wen? — hieß es dann so beiläufig: nun

eben an Bismarck, worauf sofort aller Widerstand zurück=
gezogen ward.

Von solcher ungeschriebenen Autorität, die Bismarck sich an der Spitze des Deutschen Reiches erworben hatte, fiel natürlich auch auf die Deutschen selbst und am fühlbarsten auf die im Ausland wohnenden ein Abglanz und strahlte von ihrer dankbaren Stimmung wieder auf die Heimath zurück. So steigerte sich die Verehrung zu einem Kultus, der auch sich erhielt, als die Höhe der politisch eingreifenden Macht nach Innen wie nach Außen für ihn überstiegen war. Es kamen die Zeiten, in denen eigentlich nicht eine einzige Partei im Reichstage sich seiner Haltung verwandt fühlte, nicht über sein persönliches Auftreten daselbst unbehaglich die Achseln ge= zuckt hätte. Auch den treusten seiner alten Anhänger entfuhren bei einzelnen seiner Redewendungen leise Ausbrüche des Mißfallens, des Aergers über Kleinlichkeiten, über perfide oder verletzende Wendungen in seinen Reden. Und schließ= lich trat an die Stelle der Formel: „Er setzt es doch durch" die: „Es gelingt nichts mehr". Auch in den Beziehungen zu den auswärtigen Mächten regte es sich öfter als früher un= freundlich. An Stelle der thurmhohen Freundschaft mit Rußland trat erst die stille und dann die offene Abkehr. Es ist eine als historisch merkwürdig zu verzeichnende Thatsache, daß in den ersten nach seinem Abgange gehaltenen Sitzungen die Geschäfte fortgeführt wurden, ohne daß nur eine Stimme im Reichstage sich erhob, um dessen zu gedenken, der dreiund= zwanzig Jahre lang ihm sein Gepräge aufgedrückt hatte.

Der tragische Abgang fachte dann draußen im Reich die Flamme der Anbetung von Neuem an. Das Mensch= liche zunächst wurde der Ursprung der gerührten Ergriffen= heit. Dazu gesellte sich vielerlei Anderes: die allgemeine Besorgniß einer großen Veränderung, der Wegfall des Prestiges, welches dem Ausland imponirt hatte, die Feind= seligkeit aus Interesse oder aus Stimmung gegen die neuen Menschen. Bismarck selbst, früher das Haschen nach Popularität ausdrücklich und thatsächlich verschmähend, fühlte jetzt das Bedürfniß, sich ihrer zu bedienen. So wuchs all= mählich in den letzten acht Jahren der Sachsenwald zu einem heiligen Haine heran, nach welchem Jung und Alt, Mann und Weib pilgerte, im Tempel des Heroen seine An=

dacht zu verrichten. Der Bismarck-Kultus ward Mode. Verzückte Barden und aufgeregte Damen veranstalteten ihre Wallfahrten, wurden menschenfreundlich zugelassen und wanderten, mit — immer noch gewürzten — Reden, hie und da mit kleinen Reliquien beglückt, nach Hause, ihre Begeisterung weiter verbreitend. Es kam eine Art Bismarck-Snobbism auf.

Der Heroenkultus hat auch manches Gute, obwohl seine Apostel nicht gerade unter den Menschenfreunden zu suchen sind. Carlyle, der ihn theoretisch in die Geschichtsphilosophie eingeführt hat, ist doch, genau besehen, eigentlich nur ein christlich gläubiger Nietzsche. Es läßt sich neben dem Niederdrückenden, das Beide aus der Verehrung des Uebermenschen herausdestilliren, auch des Erhebenden Manches dafür ableiten, daß der Alltagsmensch zur dankbaren Begeisterung für die Bevorzugten seinesgleichen, in denen er sich geehrt und gehoben fühlt, erzogen wird. Dies Wohlgefühl ist der armen Menschheit zu gönnen. Kein Neid, kein Streit soll es ihr rauben. Man nannte dies Rauben mit einem besonders dazu abgestempelten Wort das „Nörgeln" seitens derer, die in ihrer Andacht überhaupt nicht irre gemacht sein wollten.

Allein die Andacht, welche, rein menschlich, schön sein kann (das läßt sogar von Lourdes sich denken), ist eine gefährliche Beimischung politischen Verhaltens. Zur Zeit der ersten fünfziger Jahre, als ich nach Frankreich kam, fand ich die Verwünschungen an der Tagesordnung, welche die liberalen Leute gegen die Muse Beranger's schleuderten, als des Mannes, der durch seine Popularisirung der Napoleonischen Legende sein Theil zur Wahl und zum Staatsstreich des Napoleoniden beigetragen habe. Und so zähe und triebkräftig ist noch immer dieselbe Legende, daß trotzdem und trotz 1871 bis auf diesen Tag ihr nicht die Wunderkraft auf die Gläubigen abgesprochen werden kann. Wäre in Deutschland etwas denkbar, wie eines jener ehemaligen französischen Plebiszite, wer wollte verbürgen, daß in vielen Landstrichen, z. B. in der bayerischen Pfalz und in Baden nicht die Mehrheit der Stimmen auf den Sohn Bismarck's fiele! Im verjüngten Maßstab kam es auch so, daß der Kultus des beweinten Heroen seinen

Schatten in die leibhaftige Gestaltung der inneren deutschen Politik warf — und nicht zu deren Vortheil. Während Bismarck's Neigungen sich mit seinen steigenden Lebensjahren immer mehr zum Extremen zugespitzt hatten, wie es die vorherrschenden Begierden (the ruling passion, nennen es die Engländer) im Alter zu thun pflegen, die Richtung auf die agrarische Absperrung, auf die gewaltsame Bekämpfung der Sozialdemokratie, auf die Vererbung seiner Stellung an die Söhne, wurde er, von Friedrichsruh her, immer mehr das Orakel für die, welche in diesen Dingen mit ihm sympathisirten, und dirigirte von dort aus den Krieg gegen die gesündere Richtung, welche die aktive Politik einschlug. Das Sonderbarste, aber eben durch den geschilderten Kultus Erklärbare war, daß selbst die, welchen die Bismarck'sche Inspiration verderblich, und der neue Kurs heilsam war, nach ihm hinschauten. Wenn die intelligenten und prosperirenden Schichten des Bürgerthums ein volleingestandenes Interesse an einer Tendenz hatten, so war es die der großen, weittragenden und versöhnlichen Handelspolitik. Statt aber den Nachfolger zu stützen, der diese mit aller Kraft und Einsicht vertrat, konnten die so ganz und gar auf sie Angewiesenen ihm nicht verzeihen, daß er mit Selbstverleugnung die undankbare Aufgabe auf sich genommen hatte, sich der Vergleichung mit einem solchen Vorgänger auszusetzen, und wendeten ihre sehnsüchtigen Blicke zurück zu dem Manne, der die Parole der Absperrung, der Völkerverfeindung, der agrarischen Privilegien bis zum Aberwitz des Antrags Kanitz anspornte. Um Bismarck's willen, von dessen Orakeln sich die agrarischen Heißsporne inspiriren ließen, haßten die von ihnen Bedrohten selbst den ehrlichen Militär, der im wahren Sinne bürgerlich dachte und empfand. Diese Art des Verhaltens ist, obwohl auch heute noch nicht ganz zum Bewußtsein gekommen, eines der markantesten Phänomene der politischen Unreife des deutschen Bürgerstandes. Sie erklärt, warum er, trotz seiner gewerblichen Tüchtigkeit, politisch wieder so ohnmächtig werden konnte, warum die politische Genialität sich ins Junkerthum flüchten mußte, und dieses auf dem Umwege durch Deutschlands Regeneration, nachdem es sie lange bekämpft hatte, auch wieder zur Oberherrschaft gelangte. Die wenigen

Jahre der Kanzlerschaft Caprivi's haben für Deutschlands wirthschaftliches Gedeihen eine Grundlage geschaffen, auf welcher allein die erstaunliche Hebung von Industrie und Handel der letzten Epoche emporsteigen konnte. Gelang doch dem Nachfolger, welchem Bismarck vorwarf, daß er den Draht nach Rußland abgerissen habe, was jener selbst als Versuch immer von vornherein abgewiesen hatte: einen billigen Handelsvertrag mit Rußland abzuschließen, ein Erfolg, dessen Bedeutung weit über den rein materiellen Vortheil hinaus sich auf das internationale Verhältniß erstreckte. Der mit unermüdlichen, harten Anstrengungen durchgeführte Sieg einer verständigen Handelspolitik, ein Werk der Rettung vor junkerlich eigennütziger Verblendung, hat den wackeren Mann, der sich mit erstaunlicher Anpassungs- und Selbstbelehrungsfähigkeit in seine schwierige Aufgabe hineingearbeitet hatte, seine Stellung gekostet. Gefallen wäre er doch, auch wenn die, für deren Wohl er eingetreten war, ihn nicht verkannt hätten. Die Kaste, deren Kabale ihn zum Fall brachte, war und ist noch stark genug in Deutschland, um auch ohne die Sympathie der bürgerlichen Kreise immer wieder den Ausschlag zu geben; das eben ist ja das alte Elend. Aber die Gesammtheit der hier gemachten Erfahrungen liefert eine belehrende Erklärung zu dem tiefen Stand der politischen Entwicklung, auf dem Deutschland nach seinem vorangegangenen Aufschwung jetzt wieder angekommen ist.

Oft hat Bismarck sich darüber ausgesprochen, wie mit dem aufgeklärten Despotismus nicht zu regieren ist. In diesen „Gedanken und Erinnerungen" sind vortreffliche Exkurse darüber enthalten. Er weist nach, wie nothwendig zur Herstellung eines nützlichen Gleichgewichtes der Kräfte in einem Reich die Kontrole der souveränen Macht durch eine Volksvertretung sei, wie gefährlich jede einseitig monarchische Führung einem Lande werden müsse. Im Einzelfall blieb er jedoch dieser Anschauung niemals treu. Wohl war er sich bewußt, daß auch für seinen eigenen Halt es vom höchsten Werth sei, eine Stütze auch gegen die oberen Sphären, unter Umständen in einer Volksvertretung zu haben. Aber wenn er einmal in dieser ein Hinderniß gegen sich selbst fand, so trieb ihn sein Furor dazu, sich von Grund aus gegen sie zu wenden. Als er nach 1866 mit hoher Einsicht seinen Frieden mit ihr gemacht hatte — die Ausführung der ihn darin leitenden Gesichtspunkte ist auch in den Erinnerungen wieder meisterhaft — wäre es nur würdige Konsequenz gewesen, die innere Konsolidirung dieser parlamentarischen Grundlage im Reiche zu fördern. Es war ihm damals ein Leichtes, durch das Einverständniß mit den gemäßigt liberalen Elementen zu diesem Ziele zu gelangen. An gutem Willen hat es bei letzteren nicht gefehlt, ihre Sinnesweise war ganz darauf gerichtet. Aber Bismarck fühlte sich in seiner Allgewalt alsbald so sicher, daß er den von ihm selbst erkannten Gesichtspunkt aus dem Auge verlor und nur noch an die Zersetzung der parlamentarischen Kräfte dachte. Von 1876 an bereits liegen die darauf gerichteten Pläne offen. In sich datiren sie wohl bereits weiter zurück. Hätte nicht der Diplomat in ihm über den auf den dauerhaften Staatsbau bedachten Meister triumphirt, so würde er sich im Parlament eine Stütze geschaffen haben, die ihm vielleicht auch später in seinem Konflikt mit der Krone zuletzt Dienste geleistet hätte. Einst hatte er dies in Betracht gezogen. Aber was war unter seiner rastlosen Taktik daraus geworden!

Zu seiner Entlastung läßt sich allerdings Verschiedenes anführen. Die mangelhafte politische Veranlagung des deutschen Bürgerthums, aus welcher sich erklärt, daß die Nation so lange hinter denen des europäischen Westens in ihrer staatlichen Entwicklung zurückgeblieben ist und immer wieder von Neuem rückfällig zu werden droht, stand ihm selbst von Alters her vor Augen. Er fand hier nicht die organische Stärke, die ihm Vertrauen einflößte oder Rücksichten aufzwang. Dazu kam, daß in den Elementen des neu erstehenden deutschen Staatslebens sich auf dem Grunde schon jene Symptome der großen Evolution zeigten, die seitdem sich über die ganze Kulturwelt ausbreiteten: der Rückgang des traditionellen Liberalismus und die Enttäuschungen, welche die Auswüchse der Demokratie ihren alten Anhängern bereiteten. Siehe die neusten Phasen des Liberalismus in England, der Demokratie in Frankreich und Nordamerika. Die Gesammtheit der Ursachen, welche jetzt in diesen festen Staatenbildungen zur Erscheinung kommt, machte sich in den eben erst werdenden deutschen Umbildungen bald nach dem Anfang fühlbar und hat gewiß dahin mitgewirkt, Bismarcks Augenmerk von der Mitarbeit am Aufbau eines parlamentarischen deutschen Staatswesens abzulenken.

Möglich sehr wohl, daß es auch mit seiner Unterstützung nicht gelungen wäre, weil das Material zu spröde oder die Zeit vorüber ist. Es hieße jedoch seine Kraft unterschätzen, wollte man von vornherein behaupten, es hätte auch trotz seiner Mithilfe nicht gelingen können, wenn er in demselben Maße fördernd eingegriffen hätte, wie er es zersetzend that. Sein Ruhm steht fest für alle Zeiten. Er hätte sich selbst übertroffen, hätte er es über sich vermocht, seine Schaffenskraft auch darauf zu richten, daß er das durch ihn errichtete deutsche Staatswesen in einer thatsächlichen Verfassung hinterließe, in welcher die Nation durch eigene Mitarbeit an ihrer Selbsterhaltung so heilsam und wirksam betheiligt wäre, wie es die Sorge um die Zukunft des Reiches zu wünschen gebietet.